AF216784

ullstein

LINDA ZERVAKIS, 48, ist als Tochter griechischer Eltern in Hamburg geboren. Nach dem Abitur arbeitete sie als Werbetexterin bei der renommierten Agentur BBDO. Sie war fast 20 Jahre als Redakteurin und Nachrichtensprecherin für den NDR tätig, beinahe 10 Jahre davon als Sprecherin der ARD-Tagesschau um 20 Uhr. Seit 2021 moderiert sie für Pro7 zahlreiche Formate. Linda Zervakis lebt mit ihrer Familie in Hamburg.

Linda Zervakis

LANDGANG

Berichte von außerhalb
der Stadt

Ullstein

Besuchen Sie uns im Internet:
www.ullstein.de

Wir verpflichten uns zu Nachhaltigkeit
• Papiere aus nachhaltiger Waldwirtschaft
und anderen kontrollierten Quellen
• ullstein.de/nachhaltigkeit

MIX
Papier | Fördert
gute Waldnutzung
FSC® C021394
FSC
www.fsc.org

Ungekürzte Ausgabe im Ullstein Taschenbuch
1. Auflage Oktober 2024
© Ullstein Buchverlage GmbH, Berlin 2023 / Ullstein Verlag
Wir behalten uns die Nutzung unserer Inhalte für
Text und Data Mining im Sinne von § 44b UrhG ausdrücklich vor.
Umschlaggestaltung: zero-media.net, München nach einer Vorlage von
Büro für Gestaltung Cornelia Niere, München
Titelabbildung: Hintergrund: © Christine McKechnie /
Bridgeman Images, Bauernhof: © JuergenBosse / iStock
Foto Autorin: © Elissavet Patrikiou
Satz: Pinkuin Satz und Datentechnik, Berlin
Gesetzt aus der Scala OT
Druck und Bindearbeiten: ScandBook, Litauen
ISBN 978-3-548-06984-5

Inhalt

EIN JAHR SPÄTER – LAND IST AUCH KEINE LÖSUNG

Personenübersicht

Chrissi	Mama von Linda
Marlies	Lindas Nachbarin in Hamburg
Beatrix †	Wellensittich
Linda	sie selbst
Vivi	gute Freundin in Sinnkrise
Brigitte Bauerfeind	Nachbarin, Kräuterhexe, Landleben-flüsterin
Holger Hassler	Nachbar und Mann, der 1.000 Hobbys und ein Geheimnis hat
Heiko	der mit dem Wolf
Kümmel	der Schrauber und Klempner

(Alle drei sind schon zusammen zur Schule gegangen!)

Corny	Bedienung aus der Probierstube
Horsti	Samendealer
Dieter	der Metzger
Roman und Rex	Zufallsbekanntschaften, Kornhaus-Gründer, love interest (nur einer von beiden)
Rocky	Landhund
Diggie	ein altes Auto

Intro

Seit dem Tod meiner Mutter lebe ich in einem Vakuum.
   Nichts fließt mehr.
   Außer immer mal wieder stoßweise meine Tränen.
   Schleusenzeit, sagt meine Freundin.
   Die Zeit zwischen Tod und Bestattung.
   Besondere Zeit.
   Schleusenzeit.
   Lebe sie.
   Ist wichtig.

Ich lebe sie.
   Treibe in der Schleuse.
   Es geht nur hoch und runter.
   Das Wasser ist eingeschlossen in der Schleusenkammer.
   Das Wasser und ich.
   Kein Boot, auf dem ich ruhen kann.
   Nur Wasser und ich.

Ich schlafe viel.

Meine Freundin holt mich immer wieder raus.

Gestern waren wir in der Stadt.

Was besorgen.

Auf der Rückfahrt bin ich fast neben ihr im Bus eingeschlafen.

Das Draußen erschöpft mich.

Doch es tut mir auch gut.

In der Schleuse gibt es keine Zeit.

Vor ein paar Tagen, oder war es nur vorgestern ...?

Jedenfalls waren wir in einem Café.

Es kommt immer unvermittelt.

Eine Erinnerung.

Oder etwas, was ich doch noch machen wollte.

Mit ihr.

Hätte machen können.

Das Ungelebte ist das Schlimmste.

Umgehend ertrinke ich in Tränen.

Ich bin müde.

Ich bin langsam.

In allem, was ich tue.

Wobei ich kaum etwas tue.

Ich arbeite wieder ein wenig.

Und bin überrascht, dass ich zusammenhängende Texte schreiben kann.

Mama hatte Wasser in der Lunge.

Vielleicht war auch sie in einer Schleuse.

Vielleicht treibt sie jetzt mit mir in der Schleuse.

Wir nehmen Abschied.
    Ich kann das noch gar nicht.
    Das merke ich immer wieder.
    Aber wir wollten doch noch …
    Aber ich habe noch Fragen …
    Aber …
    Nutzt nichts.
    Ist vorbei.
    Aus. Punkt.
    Jetzt ist jetzt.
    Sie war gestern.
    Ich bin heute.
    Ohne sie.

Ich habe gerade den Mund voll mit Tod.
    Ich muss ihn noch kauen.
    Zerkauen.
    Runterschlucken.
    Und verdauen.
    Das dauert halt.

Es hat geschneit heute Nacht.
    Ich mag Schnee.
    Die Welt wird umgehend leiser.
    Alles wird einheitlich weiß.
    Das tut mir gut.
    Es gibt mir Ruhe.

Die Trauerrede für meine Mutter ist geschrieben.

Welch schöne Liebeserklärung an sie, sagt meine Freundin.

Mir war gar nicht klar, wie sehr ich sie liebe.

Man muss den Tod konsumieren, um das Leben zu lieben.

WEIßE ROSEN FÜR CHRISSI

Ich hatte schon wieder heiße Waden. Seit drei Tagen wärmten sie sich urplötzlich und ohne Vorwarnung auf; wie vom Blitz getroffen, nur nicht ganz so heiß. Eher so wie zwei Wärmflaschen, die mir jemand oberhalb meiner Tennissocken heimlich in die Hose gesteckt hatte. Ich mag Wärme, gerade jetzt, wo es abends schon wieder viel zu kalt ist. Es fühlte sich aber nicht warm an, sondern irgendwie kühl. Wie ein Anruf in der Hosentasche, bei dem ich ein Vibrieren spürte, obwohl niemand anrief. Oder doch? Nein, Fehlalarm. Ganz schön ballaballa, merkste selber. Ich versuchte, die Kontrolle über meine Ängste und Emotionen zurückzubekommen, und konsultierte deshalb schnell mein Handy: *Hey Siri, was bedeuten heiße Waden?* Ich hatte auf meinem iPhone die folgende Einstellung gewählt: deutsche Sprache, Stimme 2, Schweizer Version. Die Dame aus den Bergen klingt irgendwie immer entspannter und freundlicher, nicht ganz so streng wie die Computerstimme in Deutschland. Ihre Antwort auf meine Frage, die aus dem Handylautsprecher tönte, war allerdings ernüchternd. »Thrombose, Schlaganfall, Multiple Sklerose, Rheuma ...« Die Aufzählung meiner persönlichen Todesartenliste klang von Siri vorgetragen wie ein Einkaufszettel für den Wochenmarkt. Ich hätte ihn sehr gerne zerknüllt und aus dem Fenster geworfen, brauchte mein Handy aber noch – und stellte stattdessen den Ton aus. Diagnosen dieser Drastik klangen also auch freundlich vorgetragen nicht beruhigend. Ich musste zu einem anderen Trick greifen und atmete Befund und Symptom erst mal weg, streckte das rechte Bein auf dem Bremspedal durch und drückte meinen steifen Rücken gleichzeitig ganz tief in die Kunstledersitze. Progressive Muskelentspannung, so hatte ich es in meinem Lieblingspodcast in den letzten Episoden gelernt: Anspannen und Loslassen. Das war meine ganz persönliche Erste-Hilfe-Maßnahme von meinem Podcast-Coach, die ich jederzeit abrufen kann und überall griffbereit habe, genauso sicher wie Pflaster und Druckverband unter dem Ersatzrad im Kofferraum. Meine gerade so wiedererlangte innere Ruhe wurde allerdings genau in dem Moment auf eine schwere Belastungsprobe gestellt, als ich das Automatikgetriebe in die Position »P« (für »Parken«) bewegte, der Dieselmotor trotzdem weiterlief und der Schlüssel klemmte. Das kann bei einem Modell Ü 40 schon mal passieren, auch wenn der Mercedes-Stern auf der Kühlerhaube ja eigentlich ein Symbol für Ausdauer und Zuverlässigkeit ist. *Made in Germany* genießt in unserer Familie schon so lange uneingeschränktes Vertrauen, wie mein Mercedes W 123 auf diesem Planeten herumgegurkt ist. Ich hatte auch nach 364 000 Kilometern keinen Bock darauf, dass mein schönes altes Auto auf dem Schrottplatz oder in Afrika landet, und fummelte nervös am Zündschloss herum, bis das Schloss irgendwann endlich einrastete.

Ich nahm die Hühnersuppe und einen frischen Strauß Blumen für Chrissi vom Beifahrersitz. Die Rosen, die ich ihr bei meinem letzten Besuch mitgebracht hatte, standen wahrscheinlich immer noch auf ihrem Esstisch. Mutti füllte auch dann noch frisches Wasser nach, wenn die weißen Blüten abgefallen waren und nicht mehr leuchteten, sondern matt und verwelkt auf der Tischdecke lagen. »Sind doch noch gut!«, haute sie mir auf die Finger, während ich versuchte, sie davon abzuhalten, einen Löffel Zucker zwischen die schlappen Stängel zu kippen. Seufzend stellte ich dann die frischen Blumen daneben und ließ einen Vortrag darüber, dass ich nun wirklich den allerschwärzesten Daumen der Familie hätte, über mich ergehen. So weit war es aber noch nicht.

Der Wohnungsschlüssel passte immerhin sofort. Ganz langsam drückte ich das schwere Holz, das immer leicht schleift, über den Teppich, aber kein Hindernis, keine bewusstlose Mama lag im Weg. Uff. Der Deckel auf der Tupper-Schüssel hatte dicht gehalten, die heiße Hühnersuppe war bestimmt noch mindestens lauwarm.

»Mama?«

Keine Antwort. Die Tür zum Wohnzimmer war zwar geschlossen, aber schon im Flur hörte ich den Fernseher: Es war »Rote-Rosen-Zeit«.

»Rote Rosen« spielt ja in Lüneburg, also in quasi-urbaner Umgebung. Früher hatte Chrissi auch gerne den »Landarzt« mit Wayne Carpendale gesehen. Näher ist meine Mama dem Landleben in Deutschland tatsächlich nie gekommen. Arbeit und Familie waren eben in Harburg und dementsprechend war auch Chrissi da, basta. Selbst im Alter, wo sie eigentlich alle Zeit der Welt hat und reisen könnte, bleiben wir Kinder ihr Zentrum und im wahrsten Sinne des Wortes: Lebensmittelpunkt. Hier, in der Stadt, sind ihre Kinder und Enkel, ihr C&A, ihr Supermarkt – kurz: alles, was Chrissi glücklich macht. Vielleicht war »Land« für sie auch vor allem Feldarbeit, Anstrengung und Staub. So schön ich es fand, dass wir uns von dem, was der Garten hergab, ernähren konnten, wenn wir bei meinen griechischen Onkeln und Tanten zu Besuch waren, so wenig stand mir bisher jemals der Sinn nach Garten umgraben, Mist streuen, Erntesaison. Und doch fragte ich mich irgendwann: Ist entschleunigtes Landleben vielleicht das Richtige für mich? So entspannt wie im Sommerurlaub am Mittelmeer? Frisches Obst pflücken, eine Runde am Strand spazieren gehen und früh ins Bett? Genau das hätte ich jetzt eigentlich gerne kurz mit meiner Mutter besprochen, deren Aufmerksamkeit aber gerade gebunden war: Gegen ihre Lieblingsserie habe ich keine Chance und werde unweigerlich Nebendarstellerin für 45 Minuten. Chrissi hat schon viele Hauptdarsteller überlebt: Gerry, Leo und Katrin. Wenn meine Waden weiter so glühten, wäre ich die Nächste, die aus dieser Telenovela namens Leben ausstieg. Ich zog mich in die Wohnküche zurück und setzte mich auf einen der vier blauen griechischen Tavernen-stühle. Meine Füße legte ich auf die untere Sprosse und ließ die Knie vermeintlich entspannt zur Seite fallen wie bei einem Lotussitz. Von außen sah das bequem aus, in-nerlich war ich genauso aufgelöst wie der Pulverkaffee in meiner Tasse. Herzrasen, Wadenpochen, Ausnahme-zustand. Ich hielt mich an einen weiteren Podcast-Tipp und atmete ruhig. Neben meiner Kaffeetasse lag das Handy, nach links wischen: Krieg. Nach oben: 12 Nach-richten. Nach unten: Elbtunnel gesperrt. Ich suchte lie-ber noch mal nach dem Gedicht. Es berührte mich noch mehr als vorhin, meine Schleusen öffneten sich. Die Tränen kullerten über meine Wangen und sickerten in die Tischdecke. Den verwelkten Blütenblättern bringen die Tränen auch nichts mehr, sie finden ihre letzte Ruhe im Hausmüll, bevor Chrissi deshalb schimpft. Der Text über den fiktiven Tod meiner Mutter stammt tatsächlich von meiner Freundin Vivi, deren Religion im Grunde die moderne Technik ist, der sie früher und intensiver als die meisten anderen huldigt. So war es auch zu dieser KI-Komposition gekommen, die zwischen Sommer-trends, Wochenend-Trip-Idee und Body-Positivity in die Timeline gespült wurde.

Nachdem ich das Posting zum ersten Mal gelesen hat-te, habe ich meine Mutter sofort panisch per FaceTime angerufen, um zu sehen, ob es ihr gut ging. Videotelefo-nie ist für Chrissi inzwischen ganz normal, und als ich sie erreichte, stand sie seelenruhig neben dem Backofen, als würde sie mich innerhalb der nächsten Minuten oh-nehin erwarten und gerade eine Mahlzeit für mich vorbereiten. Augenklappernd, laut und deutlich versicherte sie mir, dass alles »tipptopp« sei und sie gerade mit meinem Cousin am anderen Ende der Welt gesprochen habe, der in Melbourne (was bei ihr wie »Mehlbirn« klingt) gerade Außen-Küche und Schaukel aufgebaut habe. Wirklich erstaunlich.

»Wie geht es Iannis?«, fragte sie mich eine Viertelstunde später. »Alles gut«, entgegnete ich mit der schlimmsten Modefloskel der Welt. »Er war gerade draußen, und der Empfang nicht so gut.« – »Ist er auf dem Mond?«, fragte Chrissi schmunzelnd zurück. Das vielleicht nicht gerade. Genau wie unsere Mama halten auch alle Zervakis-Kinder sich lieber in der Stadt auf. Ja, auch ich. Und genau deshalb ging mir das, was ich Chrissi heute erzählen wollte, auch nicht so leicht über die Lippen. Vielleicht war es das, was meine Waden noch immer kochen ließ. Ich hatte mich für ein Aussteigerprogramm entschieden. Ein Jahr nichts tun. Neuseeland, Bali oder Fidschi-Inseln. Nein, so krass war mein Plan nicht, aber ich würde es nicht mehr schaffen, zwei Mal die Woche bei Chrissi vorbeizuschauen und mich bei ihr aufs Sofa zu setzen. Eher zwei Mal im Monat. Wie brachte ich ihr das nur bei? Je älter sie wurde, umso einsamer fühlte sie sich, und während wir eben noch laut gelacht hatten, kippte plötzlich die Stimmung, obwohl ich meine Pläne noch gar nicht verraten hatte.

»Kannst du nicht mal anrufen? Ich habe keine Lust mehr zu leben.«

»Wo soll ich anrufen?«

»Bei Gott!«

»Der hat kein Telefon«, sagte ich entschuldigend und musste dabei lachen, obwohl mir ihr Bekenntnis den Hals zugeschnürt hatte.

»Der hat kein Telefon? Warum denn nicht?«

»Der hatte noch nie eins.«

»Das wusste ich nicht. Ich dachte, er ist Gott.«

Das Thema »Sinnsuche«, das unser Gespräch im allerallerweitesten Sinne gerade hatte, war eigentlich eine gute Überleitung, ich würde es jetzt einfach sagen:

»Mama, ich mache eine Auszeit auf dem Land.« Nachdem noch das wo genau, mit wem, wie lange und warum überhaupt geklärt war, war es schönerweise meine Mama, die laut lachte und sagte: »Du? Land? Dauert nix lang.«

WAS ZUVOR GESCHAH

Kapitel 1

WARUM TIERE VOR MIR ANGST HABEN (SOLLTEN)

Meine Nachbarin Marlies war schrill, laut und hatte einen Vogel. Marlies konnte man nicht übersehen. Im Sommer trug sie gerne knapp bauchfrei, eng und bunt. Sehr bunt. Ihr Faible für Neon schien sich mit jedem Lebensjahrzehnt stärker auszuprägen. Marlies war 74, Witwe und trotzdem lebenslustig, weil der Tod ihres Mannes nun auch schon ein bisschen her war. Und Marlies hatte, wie gesagt, einen Vogel – Beatrix, der Wellensittich. Auch im Tierreich schien sie eine gewisse Tendenz zu Neonfarben zu haben. Als ich klein war, hatte gefühlt jeder einen Hamster oder einen Wellensittich. Und wenn man ihn nicht selbst besaß, dann aber auf jeden Fall Oma oder Opa (oder Marlies). Heutzutage ist der Wellensittich, zumindest in meinem Umfeld, nahezu ausgestorben. Ich kenne eigentlich niemanden, bis auf Marlies, der noch so einen Vogel hat. Sie hingegen hatte schon viele. Im Schnitt wird so ein Tier 8 bis 12 Jahre alt. Bei guter Haltung auch mal 15 Jahre. Marlies hatte mal einen, der laut ihrer Auskunft die Volljährigkeit nur ganz, ganz knapp verfehlt hatte.

Entsprechend oft hatte sie auch mit Beerdigungssituationen zu tun. Und obwohl jeder dieser Budgies, wie sie ihre Wellensittiche liebevoll nannte, eine besondere Beziehung zu Marlies hatte, ging sie nach dem Absterben der Tiere ziemlich rigoros vor. Die Vögel landeten im Hausmüll. Marlies sah es überhaupt nicht ein, eine große Abschiedszeremonie zu veranstalten, zumal sie meist schon kurze Zeit später wieder einen neuen Spielkameraden in ihrem Käfig sitzen hatte. Nun also Beatrix.

Beatrix war blau und ließ mein Klischeedenken offen zutage treten. Ein blauer Wellensittich namens Beatrix? War sie sich wirklich sicher, dass das ein Weibchen war? Beatrix hatte es Marlies auf jeden Fall besonders angetan. Sie war nicht mehr wiederzuerkennen, wenn sie vor ihrem Vogel saß, was ich vor allem deshalb gut beurteilen kann, weil ich regelmäßig unregelmäßig zu Besuch war. Und jetzt war es mal wieder so weit. Ich hatte Marlies länger nicht mehr gesehen, Käsekuchen besorgt und wollte so die Gelegenheit nutzen, mich offiziell bei Beatrix vorzustellen.

»Du bist also Beatrix. Ehrlich gesagt sieht sie genauso aus wie Bärbel, die du vorher hattest«, wandte ich mich an die stolze Besitzerin.

»Quatsch! Guck dir mal diese Augen an: So rund und klar. Und diese Wärme, die sie ausstrahlt.«

Ich gab mir Mühe, die Besonderheiten in Beatrix' kleinem Vogelgesicht auch zu erkennen, sah aber nur

zwei winzige schwarze Punkte, die mich aufgeregt an-
sahen.

»Und Beatrix kann ein Kunststück«, setzte Marlies,
die meine Skepsis bemerkte, nach.

»Soso. Ein Kunststück? Na, dann zeig mal her«, sagte
ich etwas abgelenkt von Marlies' Outfit, das heute ganz
besonders ... auffällig war.

Marlies trug ein neonorangefarbenes T-Shirt mit Rü-
schen am Ärmel. Ja, Einzahl, denn es gab nur einen
Ärmel, die andere Seite war schulterfrei. Auf Marlies'
freiliegendem Schlüsselbein klebten drei Strassauf-
kleber. Ich fragte mich, wo sie das ganze Zeug herhatte.
Auch wenn das nicht mein bevorzugter Kleidungsstil ist,
fand ich es cool, mit welcher Selbstverständlichkeit sie
ihre Klamotten trug. Beige und Taupe kann in dem Alter
schließlich jeder.

»Das musst du dir mal vorstellen. Beatrix hat ja nur
zwei Füßchen und kann eine Rolle vorwärts, ohne sich
festzuhalten.«

Die Frage, woran genau die gute Beatrix sich festhalten sollte, verkniff ich mir lieber und konzentrierte mich
stattdessen auf wortloses Staunen.

Marlies legte los. Sie befeuchtete zunächst ihren Finger und tunkte ihn in den Napf mit den Futtersamen,
wozu Beatrix aufgeregt mit den Flügelchen schlug. Anschließend kreiste Marlies mit dem Körner-Finger einmal um die Stange. Beatrix folgte dem Finger, als würde
sie davon magnetisch angezogen, was einerseits logisch,
andererseits schon faszinierend anzusehen war. Denn
zum einen war in so einem Käfig ja nicht unendlich viel

Platz, um Attraktionen einzustudieren, und außerdem machte der Wellensittich das schon ziemlich elegant. Und so ertappte ich mich dabei, wie ich Beatrix laut johlend anfeuerte, noch mehr Überschläge zu machen. Und das tat sie, wie gesagt, ohne sich festzuhalten. Da Marlies sich mit Handys und so Zeug, wie sie es nannte, nicht so gut auskannte, nahm ich ein Video von Beatrix und ihren Rollen vorwärts auf und schickte es auf WhatsApp in Marlies' Familiengruppe, zu der sie nur dann Zugang hatte, wenn ich mal zu Besuch war. Die Reaktionen waren so überwältigend, dass ich Beatrix sofort eine vielversprechende Karriere als Influencerin vorhersagte.

Marlies machte zweimal im Jahr Urlaub. Sie besuchte dann meistens eine Freundin in Bayern mit der Bahn. Sie genoss diese zehn Tage im Süden sehr. Das bedeutete auch, dass sie während ihrer Abwesenheit jemanden brauchte, der sich um Beatrix kümmerte. Ihre Wahl fiel in diesem Jahr auf mich, was mich wunderte, denn eigentlich habe ich es nicht so mit Tieren, was Marlies sehr bewusst ist. Hunde lassen mich zum Beispiel kalt. Katzen finde ich okay, aber *Vögel?* Nun ja. Offensichtlich hatte ich mir den Babysitter-Status mit Handyvideos und Käsekuchen erschlichen. Ich wollte Marlies nicht enttäuschen und versprach ihr, gut auf Beatrix aufzupassen. Nachdem wir uns etwas aneinander gewöhnt hatten, machte der Wellensittich seine Rolle vorwärts ohne Festhalten auch bei mir, was mich wiederum ein wenig stolz machte. Ich wollte dieses Kunststück mit der Welt teilen. Alle sollten sehen, was für ein toller Vogel Beatrix war.

Also fing ich an, Instastories von ihr zu machen. Ich erklärte zu Anfang immer kurz, dass wir es hier mit einer absoluten Sensation zu tun hätten, denn Wellensittiche hätten nun mal nur zwei Beine und keine Arme. Das kam an, es war herrlich. Die Leute waren am Ausflippen. Ich bekam so viele Nachrichten wie noch nie zuvor. Menschen erzählten mir von ihren eigenen Wellensittich-Kunststücken: Es gab welche, die zu Hip-Hop die Bewegungen von Rappern nachahmten. Ein anderes Mal bekam ich abfotografierte Backrezepte für Wellensittich-Snacks aus der Zeitschrift *Ein Herz für Tiere* zugeschickt. Und einen Beatrix-Song. Der Interpret hieß The Guy Who Sings Your Name Over and Over, in diesem Fall eben »Beatrix«. Das Lustige war, dass der Sänger den Namen englisch aussprach. Es hörte sich irgendwann also so an, als würde er »Bier-Tricks« singen. Ich hatte ja keine Ahnung, wie viel Spaß Wellensittich-Sitting machte. Marlies war von der Resonanz, die ich ihr telefonisch übermittelte, ebenfalls beeindruckt. Sie war stolz auf ihren Vogel.

Eines Tages aber, Marlies war schon eine Weile zurück, rief sie mich an. Irgendwas stimme nicht mit Beatrix. Sie sei ganz schlapp und hätte überhaupt keinen Elan. Ich fragte Marlies, ob denn die Rolle vorwärts noch in ihrem Repertoire sei. Das ginge noch, mal besser, mal schlechter. Ich war beruhigt. Beatrix sei sicher nur erschöpft und würde sich schon wieder erholen. Aber Marlies' Bauchgefühl ließ nicht locker, und so bot ich ihr an, die beiden zum Tierarzt zu fahren. Marlies nahm auf der Rückbank Platz. Beatrix saß traurig neben mir im Käfig.

Nach einer halben Stunde kam Marlies mit Tränen in den Augen und dem Käfig, glücklicherweise mit Beatrix, aus der Praxis. Sie musste mehrere Anläufe starten, um mir zu sagen, dass der Vogel einen Tumor hatte. Der Arzt wisse nicht, ob er gut- oder bösartig sei. Ich war sprachlos, nahm Marlies in den Arm und merkte, wie auch mir eine Träne über die Wange lief. Was hatte der Tumor denn davon, sich in so einen kleinen Wellensittich-Körper einzunisten? Denk doch mal groß, hätte ich diesem Arsch von Tumor am liebsten zugerufen, weil ich nicht wusste, wohin mit meinem Ärger. Ich wollte wissen, wie es weiterging, besann mich darauf, dass ich ja auch Journalistin war, und fragte investigativ nach: »Wie lange hat sie noch?« Marlies antwortete sehr gefasst: »Das kann man nicht sagen. Der Arzt hat mir homöopathische Tropfen mitgegeben: ›Tarantula‹. Die helfen, das Wachstum des Tumors zu verringern beziehungsweise zu verhindern.«

Das hörte sich gut an. So leicht würde Beatrix nicht aufgeben, redete ich mir ein. Ich versuchte, Marlies Mut zu machen. Wie großartig es sei, dass es mittlerweile sogar Tropfen gegen Vogel-Tumoren geben würde!

Und in der Tat, die Tropfen, die Beatrix über das Trinkwasser aufnahm, zeigten Wirkung. Kurz nach der Einnahme war sie deutlich lebhafter. Auch Marlies wirkte sofort entspannter und war glücklich, dass es ihrem Budgie wieder besser ging.

Sie war sogar so zuversichtlich, dass sie mich fragte, ob ich wieder babysitten könnte, damit sie noch mal die

Möglichkeit hatte, zu ihrer Freundin nach Bayern zu fahren. »Na klar«, stimmte ich zu und freute mich auf die Zweisamkeit mit Beatrix. Gleich zu Beginn meiner Besuche gab ich dem Wellensittich seine Tropfen. Ich wollte eine gute Zeit mit Beatrix haben und das arme Tier nicht leiden sehen. Als ich bemerkte, dass sie kurz nach der Einnahme wieder voller Elan auf ihrer Stange saß, fing ich an, sie zu filmen, und ging bei meinen Storys nicht weiter auf ihre Krankheit ein. Die Menschen freuten sich über neuen Beatrix-content und feierten sie für ihre Rolle vorwärts. Ich legte verschiedene Musiken darunter und bildete mir ein, dass ihr der Salto zu »*U Can't Touch This*« von M.C. Hammer besonders gut gelang. Ein Follower gab mir den Tipp, die Rolle vorwärts doch auch mal als Insta Live zu zeigen. Warum nicht, dachte ich mir und bereitete mich innerlich auf die große Show vor. Am besagten Tag trug ich extra eine Art Smoking-Blazer mit weißem Hemd. Den Käfig hatte ich besonders gründlich sauber gemacht und als Unterlage für den Tisch ein blaues Hamam-Tuch passend zum Federkleid mitgebracht.

Beatrix wirkte gut drauf – offensichtlich freute auch sie sich auf ihren großen Auftritt. In der einen Hand hielt ich die Kamera, mit der anderen Hand bereitete ich den Salto mortale vor. Ich drückte den Live-Knopf, begrüßte unsere Follower und machte alle mit den Vorbereitungen vertraut. Ich befeuchtete meinen Finger, legte ihn in Korn ein und hielt ihn dem Wellensittich vor den Schnabel, und dann ging es auch schon los. Allerdings mit Abzug in der Haltungsnote, denn als sie wieder oben auf der Stange angekommen war, fasste sie mit dem zweiten Fuß ein wenig nach. Komisch. Das hatte sie noch nie gemacht. »Komm schon, Beatrix, zeig uns, was du draufhast!«, feuerte ich sie an, bevor das Spiel von vorne begann. Wieder tunkte ich meinen Finger in die Futterschale und animierte sie, ihm zu folgen. Auch diese Rolle war keine Glanzleistung. Eine würden wir noch machen. Dann hätte Beatrix Feierabend. »Push it« von Salt-N-Pepa wäre genau das Richtige, um sie zu pushen. Schließlich waren wir immer noch live.

Beatrix wippte leicht zum Beat, setzte zur Rolle an, krümmte sich – und fiel einfach um. Direkt auf den Kopf. Sturzflug. Aus die Maus.

»Beatrix«, fragte ich vorsichtig.

»Beatrix«, rief ich jetzt ein wenig lauter und verzweifelter. Aber der Wellensittich blieb einfach liegen. Ich wurde panisch und dachte jetzt erst daran, dass ich immer noch live war. Ich verabschiedete mich ein wenig ungalant bei meinen Zuschauern, verwies darauf, dass Beatrix offensichtlich einen kleinen Drehwurm erlitten hatte, und schaltete das Handy aus.

»Fuck«, fiel es mir plötzlich wieder ein. Ich hatte ihre Tropfen vergessen! Ich öffnete die Käfigtür und hoffte ganz stark, dass Beatrix einfach nur eine kleine Gehirnerschütterung erlitten hatte. Ich nahm das Tier vorsichtig in beide Hände und spürte noch einen winzigen Herzschlag. Gott sei Dank. Ich legte sie behutsam auf das Hamam-Tuch, um nach der Notrufnummer des Tierarztes zu schauen. Als ich endlich mit der Sprechstunde verbunden war, sah ich, dass Beatrix' Augen geschlossen waren. Ihr Kopf hing schlaff zur Seite. Ich wollte es nicht wahrhaben, legte auf und bewegte mich von da an wie in Zeitlupe. Am liebsten hätte ich den kleinen Vogel in beide Hände genommen, ihn wie einen erwachsenen Menschen an den Schultern gepackt und geschüttelt. Aber das konnte ich nicht. Ich hob den leblosen Körper auf und zitterte am ganzen Körper. Schon lange hatte ich mich nicht so schäbig gefühlt. Was war ich bloß für ein Mensch? Ich hatte einen Wellensittich auf dem Gewissen, weil ich meine Follower unterhalten wollte? Ernsthaft? Wie sollte ich das Marlies beibringen? Und was sollte ich mit Beatrix machen? Wollte Marlies sich vielleicht noch von ihr verabschieden, wenn sie nach Hause kam? Ich wollte mich am liebsten in Luft auflösen oder wie damals in der Gervais-Obstgarten-Werbung einfach in einem Loch im Boden verschwinden. Ich war total überfordert, was im 21. Jahrhundert zumindest bei mir immer exzessives Googeln bedeutet. Bei der Suche »tote Vögel« stieß ich zu meinem Entsetzen auf folgenden Eintrag:

»Grundsätzlich gilt: Von toten Vögeln sollte man sich immer fernhalten. Denn sie können nicht nur die Vogelgrippe, sondern auch andere Krankheitserreger wie Salmonellen übertragen.«

Okay. Mir blieb nur eine Wahl. Ich wühlte in Marlies' Küchenschubladen, bis ich das Nötigste gefunden hatte: Einen 3-Liter-Gefrierbeutel von Toppits. Ich nahm Beatrix vorsichtig in die Hand und legte das Tier in den Beutel. Penibel achtete ich darauf, die Plastiktüte gut zu verschließen und dann: Ab in die Gefriertruhe mit dir. Ich hatte Angst vor dem nächsten Tag.

Natürlich holte ich Marlies, die offenbar eine gute Zeit in Bayern gehabt hatte und strahlte, vom Bahnhof ab. Ich versuchte, mir nichts anmerken zu lassen, wobei ich so kläglich versagte, dass sie mich sofort drauf ansprach.

»Ist alles in Ordnung bei dir? Du wirkst so angespannt.«

»Wie kommst du denn darauf?«

»Irgendwas stimmt nicht mit dir.«

Im Auto legte ich die Beichte ab. Ich sah zu Marlies rüber, aber da kam nichts. Erst als wir die Wohnung betraten, fragte sie mich: »Wo ist sie?« Ich ging direkt zum Gefrierschrank und nahm Beatrix aus dem Mittelfach. Da hatte sie den meisten Platz. Marlies glaubte nicht, was sie da sah. Ich setzte noch einmal an und erklärte etwas wie: »Ich wollte, dass du Beatrix noch mal so siehst, wie du sie kanntest. Hätte ich das nicht gemacht, hättest du sie womöglich nicht erkannt. Außerdem ...«

»Raus! Sofort!!!«, hörte ich Marlies mich unterbrechen. *Ich will dich nie wieder sehen!«*

Mein Hals war wie zugeschnürt, ich schlurfte kraftlos zur Tür und schämte mich so sehr. Hatte die Aktion mit dem Gefrierschrank das Fass wirklich zum Überlaufen gebracht? Wäre es nicht viel schlimmer gewesen, sie wie alle zuvor da gewesenen Wellensittiche im Hausmüll zu entsorgen? Wäre der Hausmüll dafür überhaupt der richtige Empfänger gewesen? Waren Wellensittiche nicht eher Biomüll?

Zu Hause legte ich mich mit Klamotten ins Bett, zog mir die Decke über den Kopf und wollte am liebsten verschwinden. Erst wiederkommen, wenn alles vergessen war. Aber genau in diesem Moment fiel mir Instagram ein. Shit. Ich konnte nur ahnen, was ich für Kommentare erhalten hatte. Mein erster Blick fiel jedoch auf die Follower-Zahl. Mindestens 5000 Leute weniger und 587 Direktnachrichten.

»Stirb, du Schwein, stirb!«

Zumachen, ganz schnell wieder zumachen. Sicherheitshalber surfte ich noch mal die Nachrichtenportale im Internet ab, mein Name verbreitete sich auch dort bei Tag24, T-Online, welt.de, sogar die *taz* berichtete über den Absturz.

TV-Moderatorin bringt Wellensittich um.

Wellensittich-Mörderin.

Hat sie kein Gewissen? Wie konnte sie nur?

TV-Moderatorin schießt Vogel ab ... usw. usw.

So fühlte sich also ein Shitstorm an. Was für eine Scheiße. Ich heulte los, schlief dann ewig und wusste beim Aufwachen, dass eine Auszeit angebrochen war.

Kapitel 2

DER GROßE SCHWINDEL

Ich war mit meiner Freundin Vivi auf ein Glas Wein ver-
abredet. Ich wunderte mich ein bisschen: Ihren Hoch-
zeitswein hatten wir schon vor mehr als einem Jahr aus-
gesucht. Angeblich wollte mir Vivi vor ihrem großen Tag
noch etwas Wichtiges sagen. Wir waren beide völlig ge-
stresst – sie von den Vorbereitungen auf das Fest, ich vom
Leben an sich und dem Auge des Shitstorms –, und ich
freute mich auf das lange Wochenende im Schloss, das
nun vor uns lag.

Das Ambiente war traumhaft schön. Die Hochzeitsgäste waren alle in der sündhaft teuren Schlossanlage oder
der Umgebung eingebucht. Vivi parkte ihren Mini neben
seinen großen Brüdern, BMW, Tesla und Mercedes. In
der Parkanlage war es so leer wie in einem Sanatorium
während der vorgeschriebenen Bettruhe. Waren die alle
im Wellnessbereich? Durch die herrliche Natur streifte
jedenfalls niemand. Lediglich das Hotelpersonal war zu
sehen und verteilte mit den Golfcarts frische Bettwäsche
oder Champagner. Hier draußen kaufte sich die reiche

Stadtbevölkerung ein Stück Landleben mit Meerblick für ein verlängertes Wochenende, um damit halbwegs entschleunigt durch zu volle Tage zu kommen. Dieser Landgang fand hinter Mauern und Zäunen statt, um ein möglichst kontaktfreies Nebeneinander mit den Einheimischen zu gewährleisten. Authentisch ist nur dann gut, wenn es nicht riecht, Feuer macht, Schnaps trinkt und laute Witze erzählt. Die alten Backsteinhäuser und das Schloss bildeten ein Ensemble, wie ich es bislang nur bei Rosamunde-Pilcher-Filmen im ZDF gesehen hatte.

Hinter den Backsteinmauern war ein Gewächshaus mit alten Rosen und Lavendel versteckt. Die Schilder zeigten Richtung Backhaus, es gab ein Badehäuschen mit Steg und Liegen, ein Kavaliershaus, ein Gutsgefängnis, einen Pferdestall und eine Holländerei. Wo war ich hier eigentlich?

Wir waren an der Ostsee, in einer Oase nördlich des Timmendorfer Strands mit seinen Hotelblocks. Der Concierge begrüßte uns sehr aufmerksam, als wären wir Stammgäste, steckte uns den Flyer für das Wellness-Spa zu und empfahl uns den neuen Sushi-Koch, der gerade erst von Singapur nach Ostholstein gezogen war. Über eine lange Allee liefen wir fünf Minuten Richtung Strand, die herzförmigen Blätter der Linden rauschten in den Baumkronen, und am Horizont sahen wir ein Segelboot auf dem dunkelblauen Meer vorbeifahren.

Vivi machte einen tiefenentspannten Eindruck. Wir waren aus unterschiedlichen Richtungen angereist, hatten uns zur Begrüßung umarmt, aber noch nicht viel geredet. Stattdessen ließen wir unsere Blicke in den Wald der Anlage schweifen, wo an den dicken Stämmen Efeu oder wilder Wein bis in den Himmel wuchs. Auf dem Waldboden waren kleine weiße Blüten zu sehen. Richtung Meer ging der Wald über in ein wildes Gestrüpp aus Hundsrosen und Strandhafer. Am Ende eines Holzsteges zogen wir unsere Schuhe aus und gingen barfuß über den feinen Sandstrand, wo wir einfach in den kleinen Wellen stehen blieben und die Meeresluft einatmeten.

»Und jetzt? Was ist los?«, unterbrach ich die Ruhe.

»Ich hab nix zu trinken. Komm mit.«

Vivi nahm mich an der Hand, und wir gingen zurück, sammelten die Schuhe ein und setzten uns ein paar Meter daneben auf eine herrliche Strandterrasse. Wir waren die einzigen Gäste und wurden umgehend bedient.

Der Kellner erkannte mich offenbar und empfahl mir deshalb ein Glas griechischen Wein. Mit den Aromen von Knupperkirsche, Zwetschge mit einem Hauch von Tomate und einer kleinen Prise Zimt.

»Zimt mag ich nicht«, winkte ich ab und bestellte ein einfaches Glas Grüner Veltliner, mit dem ich bei Weinschorle schon gute Erfahrungen gemacht hatte. Als Vivi dann auch noch einen Aperol-Spritz und Streichhölzer bestellte, zog er enttäuscht von uns Banausinnen ab, servierte die Getränke aber sehr professionell mit diversen Schälchen von Nüssen, Crackern und zwei Gläsern Mineralwasser, in denen bunte Blüten schwammen.

»Hochzeit ist abgesagt«, sagte Vivi und zündete sich eine Zigarette an.

Ich hatte sie noch nie rauchen sehen und verschluckte mich an meinem Wasser.

Vivi schaute ungerührt aufs Meer, als ob sie nun statt einer Hochzeit eine Weltreise mit einem Segelschiff plane. Ganz konzentriert und zielsicher.

»Hast du jemanden kennengelernt?«, versuchte ich, die Situation etwas aufzulockern.

Ich warf ein paar Namen in den Raum, eher aus Spaß, und bekam deshalb auch keine Antwort.

Mir wurde plötzlich klar, dass ich unbewusst ins Schwarze getroffen hatte. In Filmen konnte man an dieser Stelle lachen, aber das hier war der Hochzeitsvorabend, und unten am Strand baute man im Grunde schon am Altar!

»Ist er verheiratet, hat er Kinder, seit wann?«

Mir schossen hundert weitere Fragen durch den Kopf. Seit wann weiß dein Verlobter Bescheid, wie hat er reagiert, was sagen die Hochzeitsgäste und was ist mit dem Kleid, das bei mir im Kofferraum liegt. Meine persische Freundin hatte es nach langem Hin und Her in ihrem Atelier noch drei Mal geändert.

»Mein neuer Typ heißt übrigens Jenny, unverheiratet, keine Kinder.«

Es wurde ein langer Abend.

Vivi übernahm unsere Drinks, die Stornierung der Feierlichkeiten hatte ihr künftiger Ex-Schwiegervater schon veranlasst. Die Hochzeit wurde via WhatsApp wegen Krankheit auf unbestimmte Zeit vertagt. Die Braut befand sich in den besten Händen. Sie litt an einem unerklärlichen Schwindel.

Es war Zeit für einen Neuanfang ...

LINDAS LANDGANG

Kapitel 3

WAS TUT MAN NICHT ALLES AUS FREUNDSCHAFT

Die Dinge, die Vivi zunächst mir, ich mir dann selbst und schließlich meiner Mutter klarmachte, lagen eigentlich auf der Hand: Ich brauchte eine Auszeit, Vivi brauchte einen Neuanfang, wir mussten hier raus.

Die Schönheit der Landschaft, in der zunächst Vivi (Jenny!) und letztlich auch ich (Beatrix!) Zeugnis abgelegt hatten, barg schon einen Teil der Antwort auf unsere ganz großen Fragen: Wo wollten wir in nächster Zeit wie weitermachen? Die endlose Weite mit Wiesen, Wäldern und Feldern wirkte einerseits angenehm beruhigend, andererseits schien sie einem auch genauso viele Möglichkeiten zu eröffnen. Jedenfalls dort, wo sich nur ein paar Windräder am Horizont drehten und keine Werbetafeln vom nächsten Möbelhaus oder Outlet-Center davon ablenkten, dass die Welt da draußen hier schon lange hinter einem lag.

Vivi und ich redeten uns richtig in Rage: Unsere Mäd-chen-Gang auf dem Land (»Genau hier, nur ohne die ganzen Arschlöcher!«) würde alles plattmachen: den Ex, die Ex, das Internet und seinen Scheiß, Umweltsünder und sonstige Arschmaden, die uns das Leben schwer machten. In unserer Vorstellung passierte das alles weit weg, in der Großstadt. Wir hätten unsere Ruhe auf dem Land. Mit dem guten Gefühl, der Welt etwas entgegen-gesetzt zu haben, gingen wir schlafen.

Unser Traum war auch am nächsten Morgen, als wir wieder nüchtern waren, noch nicht aus, obwohl zumin-dest ich ein paar Fragen hatte: Würden wir hier draußen überhaupt noch ein Häuschen finden, das bezahlbar war? Wenn ja, wäre das nicht ein absoluter Schutthau-fen? Wenn ja, kämen wir damit klar?

Meine Erfahrungen mit dem Landleben hatten bislang alle in Griechenland stattgefunden und mich wahlwei-se ahnungslos oder als totales Kind der Stadt dastehen lassen (dazu kommen wir noch).

Vivi traute ich im Grunde alles zu, aber soweit ich wusste, war sie – mit wenigen Ausnahmen – auch noch nicht weiter raus als bis Ottensen gekommen. Und ich wusste ziemlich viel:

Wenn Vivi einen Plan gefasst hatte, konnte sie niemand davon abhalten. Manchmal kam sie mir vor wie ein weiblicher Elon Musk, der sein Handtuch lieber gleich auf den Mars legte, bevor er Pauschalurlaub auf Korfu buchte. »Geht nicht« gab es für sie nicht. Ausdauer hatte Vivi ebenfalls. Sie arbeitete als Produktionsleiterin für verschiedene Fernsehsender, wo sie »alles« rund um die Dreharbeiten organisierte. So lernten wir uns kennen. Ich sollte den Fernsehzuschauern einer Dokumentation erklären, wie wir uns in Zukunft ernährten. Eigentlich ein spannendes Thema, da waren wir uns beide einig, hätte der Redaktionsleiter uns nicht noch kurzfristig ins Drehbuch diktiert, dass die Zuschauer bestimmt nicht wüssten, was eine Avocado ist. Das hätte kürzlich eine Marktforschung in der Zielgruppe ergeben. Entsprechend sollten wir bei den Dreharbeiten eine sehr einfache Perspektive einnehmen, unser Publikum keinesfalls überfordern. Vivi und ich stellten uns also einen Zuschauer vor, der beim Lieferservice Tacos mit Guacamole bestellt und dabei unseren leicht verdaulichen Film verspeist, ohne das TV-Programm wegzuschalten. Vivi war für Konsequenz und besetzte die Protagonisten um. Wir suchten also gemeinsam im Restaurant Zum Goldenen Bogen nach jemandem, der noch nie einer Avocado mit Schale begegnet war. Nach fünfzehn schnellen Castings zwischen Kasse und Plastiktischen hatten wir unseren Protagonisten gefunden: Steve war 32 Jahre alt, programmierte erfolgreich Computerspiele und war deshalb auch neugierig, was der Lieferservice ihm eigentlich den ganzen Tag über vorbeibrachte. Wir servierten ihm Rindfleisch auf Madenbasis, Pesto aus Algen – lauter leckeren Kram. Richtig schlecht wurde ihm bei den Dreharbeiten an der Kieler Förde. Das lag nicht am Seegang, sondern am – Schnitzel aus Quallen. Der Snack aus dem

Meer landete am Ende auch wieder dort, wo er hergekommen war. Steve musste sich übergeben. Was für ein wunderbarer Ausschnitt, um den Film auf Social Media zu bewerben. Wir hatten viel Spaß – ja, auch Steve – und feierten den letzten Drehtag ausgiebig. Vivi tanzte mit Glas in der Hand, herzte alle aus dem Team und kippte plötzlich um. Als sie wieder zu sich kam, setzten wir uns an die Förde, sie spuckte ins Wasser und beobachtete so fasziniert wie ... angekotzt, wie die Fische auf die Bewegung reagierten und zuschnappten.

»Kein Bock mehr auf dieses Haifischbecken.«

»Und nun?«

Schon am nächsten Tag hatte sie ihren gut bezahlten Job bei der Produktionsfirma gekündigt, freute sich auf ihre letzten Arbeitstage und hatte irgendwo im Hinterkopf schon den nächsten vagen, großen Plan.

Ich bewunderte irgendwie, wie selbstständig und radikal sie ihr Ding machte. Wenn Chrissi mich anrief, weil sie ihren Schlüssel oder Geldbeutel verloren hatte, fuhr ich sofort nach Harburg, um ihr zu helfen.

Vivi buchte ohne Rücksicht auf die Familie sieben Tage Seychellen, um dann dort ihren Schlüssel und Geldbeutel zu verlieren und mich anzurufen, damit ich ihr aus der Patsche half.

Auf der anderen Seite war sie mir auch ein bisschen suspekt. Sie war jünger als ich, größer, blonder (tja, Kunststück), sportlicher und erfolgreicher. Sie hatte etwas sehr Kühles in ihrer Art und unfassbar teure Anoraks. Gleichzeitig schien sie sich in jeder Situation gleich wohlzufühlen, kam mit der Kassiererin im Supermarkt ebenso zügig klar wie mit einem blasierten Schnösel, der einem den Lauf der Welt erklärt und dem sie zwar zuhörte, aber ebenso entschieden den Wind aus den Segeln nahm, ohne dass einer von beiden danach doof dastand. Vivi war eine für alle, und so waren wir schon nach kurzer Zeit wie Geschwister.

Und: Vivi liebte Technik, ihr Handy, und sie liebte Videotelefonie. Das hatte zwar auch Schattenseiten, wenn wir sprachen und sie mit verlorenem Lächeln durch die große Wohnung lief und es hallte, weil die Möbel ihres Ex inzwischen abgeholt worden waren. Genau darin sah Vivi aber auch die Chance, unseren Strand-Traum Wirklichkeit werden zu lassen: Sie würde ihre Arbeit vom Land aus einfach per Video-Call machen. Entschlossen trieb sie in den kommenden Wochen unsere Pläne voran, ein Maklertermin reihte sich an den anderen, zerschlug sich nach Sichtung von Exposés und tristen Fotos wieder, bis ich Vivi irgendwann schrieb: Ich hab's.

Reetdachtraum mit großem Garten!

Dazu schickte ich ihr den Link zum Inserat, das ich auf eBay Kleinanzeigen gefunden hatte.

Wohnen, wo die Welt noch intakt ist. Wundervolles Bauernhaus in angenehmer Distanz zum Strand. Genießen Sie die Ruhe im traumhaft angelegten Garten mit mannigfaltigem Biotop. Im Winter wartet auf Sie ein knisternder Kamin. Hier

entspannen Sie schon, wenn Sie auf den natur-
steingepflasterten Hof fahren.

»Und wer von uns soll die Million auf den Tisch legen?«,
winkte Vivi zunächst ab.

Wie sehr viele andere auch, suchten wir einen schönen Resthof zum Umbauen, der erschwinglich war und
günstig lag – und landeten immer wieder bei einsturz-
gefährdeten Bruchbuden oder bei einer Sammlung von
Maschinenhallen mit dem Charme eines Industrieparks.
Doch dieser Reetdachtraum ließ mich nicht mehr los,
ich klickte mich immer wieder durch die Bildergalerie
und machte der Maklerin schließlich ein unmoralisches
Angebot.

Tausche gegen 3-Zimmer-Altbauwohnung in Hamburg-Eimsbüttel.

Sofort gingen in meinem Postfach mehrere Mails ein mit
diversen Bildern von Grundbüchern, markierten Grund-
stücken, Sondernutzungsrechten und hinterließen viele
Fragezeichen. Vivi kannte sich durch ihren alten Job gut
mit komplizierten Verträgen aus und brachte ihre eigene Wohnung in Hamburg-Ottensen für den Tausch ins
Spiel. Die Verkäuferin fand nämlich einen Haken an der
Wohnung, die ich ihr angeboten hatte: Sie hatte keinen
Aufzug. Vivi war entschlossen, ihr städtisches Refugium
aufzugeben, wenn sie dadurch ihrem Ziel einen Schritt
näher kam. Die Besitzerin des Reetdachtraums bekam
ihren Aufzug, die Maklerin zwei potenzielle Käuferin-

nen; wir bekamen die Chance, unseren Traum zu verwirklichen, und ich blieb mit einem Fuß in der Stadt.

Ich fand die Idee, ein altes Haus zu renovieren, vor allem deshalb so faszinierend, weil ich so lange in einem Hochhaus gelebt habe, in dem lange nicht einmal ein eigenes Zimmer zur Diskussion stand. Und jetzt würden wir vielleicht bald ein eigenes Haus haben? Traum!

Wie auf Autopilot fuhr ich durch die graue Betonlandschaft, bis mich die durch die Wolken flackernde Sonne wieder anknipste. Der wie Perlmutt schimmernde Himmel gab einem sofort das Gefühl, im Jahr schon etwas weiter zu sein, den Sommer oder zumindest das Frühjahr in greifbarer Nähe zu haben. Die kilometerlangen Kohlkopfreihen am Straßenrand beantworteten die Frage, wovon zur Hölle wir hier draußen leben sollten, für mich allerdings nur so lala. Außer Olivenöl und Weißbrot brauchte ich zur Grundversorgung eigentlich nichts weiter, ich würde mich durch die Tage dippen und hätte alle Hohlräume im Magen mit mediterranen Basics versiegelt. Fast wie mit Watte, nur nicht süß, sondern salzig und eben auch bitter. Wäre beides hier zu haben? Oder würden mich meine Ansprüche an die Grundversorgung ohnehin regelmäßig in die Stadt zurückführen? Wäre das noch im Sinne des Experiments? Oder würde ich mich schlicht an das gewöhnen, was eben möglich war? Das war vorauseilendes Jammern auf hohem Niveau. Verhungern würden wir hier draußen sicher nicht: Felder (mit Erzeugnissen), Koppeln, Wiesen – alles da. Die Sonne setzte sich langsam gegen die Nebelschwaden durch und ließ die dunkelbraunen Böden glänzen. Große Maschinen zogen Geräte hinter sich her, bearbeiteten den Boden und wurden dabei von vielen Vögeln verfolgt. Sogar Möwen trauten sich auf die Felder. Wir näherten uns der Ostsee, am Horizont war sie manchmal schon zu erkennen. Dunkelblau. Fast schwarz.

Was wollten wir hier eigentlich? Immerhin klangen die Namen der Bushaltestellen einladend. Hohenklampen, Seekrug, Futterkamp. Schleswig-Holstein ist ja bekannt für seine witzigen Orte wie Geil, Sorgenfrei oder Frohsein, was meine Ängste und Zweifel an dieser Stelle aber nicht zerstreute. Kurz hinter Kaköhl hielten wir und liefen noch eine gute Stunde bis zu unserem Ziel. Vivi wollte es so, die frische Luft täte uns gut auf dem Weg zur großen Entscheidung.

Der erste Anstieg über eine frisch geteerte Straße fiel uns leicht. Der Weg schlängelte sich durch Felder, am Straßenrand standen 100 Jahre alte Eichen und übten für ihren Auftritt als Motiv in einem Naturkalender. Drei Autos, ein E-bikendes Paar in identischer Kleidung und zwei Rehe mit weißem Schwanz begegneten uns. Der Stadtmensch in mir war tief bewegt. Hinter einem Wald bogen wir ab in eine lieblos hingeklatschte Schlagloch-Straße. In einer Kurve parkte ein Geländewagen, wir entdeckten einen Jäger mit Fernglas und Gewehr. Auf den ersten Blick sah er in seiner Tarnuniform so aus, als würde er Großstadttussen zum Frühstück verspeisen.

»Moin«, grüßte er.

»Moin«, schoss Vivi zurück.

»Zwei Spießer – Pssst!«

Wir schauten uns überrascht an und fanden uns eigentlich ganz lässig mit unseren Goretex-Jacken, Wollmützen und robusten Lederstiefeln.

»Wir sind neu hier, aber bestimmt keine Spießer!«

Der Mann lachte verschmitzt und erklärte uns, dass es sich bei Spießern um junge, männliche Hirsche handelt. Er konnte sie am Geweih erkennen und erzählte uns noch, ab wann sie zum Abschuss freigegeben sind.

»Soll ja ganz gesund sein, das Wild hier«, versuchte Vivi, sich atmosphärisch an den Jäger ranzupirschen.

Der winkte ab und zeigte auf die Felder.

»Musst nur mal gucken, wenn hier gespritzt wird. Da stehen die Rehe als Erstes auf'm Feld und fressen. Und wo bleibt das Gift?«

»Und die Wildschweine?«

»Die liegen hier faul in den Hecken. Habt ihr die Eicheln gesehen auf dem Weg? Ein großes Fressen.«

Der Jäger klärte uns noch auf, warum er keine Hetzjagd mochte: zu viel Stress für die Tiere. Dass es hier zu viele Rehe und Wildschweine gab und sie geschossen werden müssen.

»Sonst würde es hier auf den Feldern und im Wald schlimm aussehen.« Töten sei manchmal auch Naturschutz, setzte er nach, als er meinen sentimentalen Blick bei der Erwähnung von Rehen bemerkte.

»Am liebsten beobachte ich aber nur. Und immer nur so viel jagen, wie du auch verbrauchen kannst«, beruhigte er mich schließlich doch noch.

Er zog weiter und rief uns von Weitem noch zu, dass

er übrigens Holger sei. Wir liefen um etwas Jägerlatein und einen ersten sozialen Kontakt mit der lokalen Bevölkerung reicher weiter.

»Moin«, stellte sich Frau Drautner vor. Unsere Maklerin wartete schon neben der akkurat geschnittenen Hecke. Sie machte einen bodenständigen Eindruck, hörte sich Vivis Pläne über Wohnungstausch und Zahlungsmodalitäten mit hochgezogenen Augenbrauen an, fragte so nach, dass ich den Eindruck bekam, dass sie weit mehr vom Landleben verstand, als wir je verstehen würden, und holte am Ende der Hofbegehung trotzdem den Schnaps aus ihrem Wagen. »Auf Am Lustholz ...«, hob sie an. Das war das Einzige, was sie uns bisher, sehr untypisch für eine Maklerin, verschwiegen hatte: d i e s e n Straßennamen.

Kapitel 4

ABGEHAUEN, UM ABZUTAUCHEN

Wir hatten den Maklertermin an der Ostsee tatsächlich gerockt und das Haus bekommen! Nachdem wir euphorisch gefeiert hatten, richteten Vivi und ich uns virtuell schon mal ein. Permanent zeigte sie mir Läufer aus Maisstroh, Bambus-Markisen, Kissen im angesagten Strick-Look, »Nordic Living mit Poufs und ganz viel Kerzenlicht«, wie sie lakonisch kommentierte. Naturfarbenen Klimbim bekommt man inzwischen ja auch bei Teppich Kibek. Kibek ist für mich wie die AOK, Trigema oder Coppenrath & Wiese. Ohne die Produkte dieser Firmen hätten meine Eltern die Ölkrise 1973 niemals überlebt – und auch nicht die vielen anderen Momente, in denen uns das Geld ausgegangen war. Was später der IKEA-Katalog war, ist auf Vivis Handy Pinterest, auf dem alles voller DIY-Ideen ist. *Do it yourself.* Selbst ist die Frau. Vivi hatte verschiedene Ordner angelegt und ihnen im kreativen Rausch entsprechende Namen gegeben. Alle Bilder aus dem Bereich Landschaftsgärtnerei – Tomatenhaus, Kletterrose und Ideen für die Bepflanzung des

Komposts – sammelte sie im Ordner »Ernte 23«. Ich war erleichtert, dass es trotz des geplanten Komposts auch noch eine Toilette geben würde. Die meisten Ideen gab es für die Wohnküche, in der wir an einer langen Tafel Freunde, Künstler und sonstige Freaks versammeln wollten. Vivi träumte davon, ihr Rotweinglas auf einen Tisch aus abgeschliffenen, geölten Dielen zu knallen und dabei das selbst angebaute Gemüse zu verspeisen. Ich würde Brot und Öl servieren und aufräumen, wenn Vivi ohnmächtig vor Glück und einer Überdosis Primitivo friedlich eingeschlafen war.

Nachhaltig sollte die Einrichtung sein, klaro. Vivi hatte eine Börse gefunden, bei der man gebrauchte Türen, Fenster oder Treppen ersteigern konnte, damit wertvolle Ressourcen nicht auf dem Schrott landeten, sondern auf unserem neuen Landsitz in ebenso neuem Glanz erstrahlen konnten. Vivi hatte so schon die Küche in ihrer Altbauwohnung eingerichtet, ich fühlte mich dort richtig wohl.

Für unser Projekt Landflucht würden wir ganz viel Kraft brauchen. Bio-Eier zum Frühstück waren gesetzt. Massentierhaltung habe ich von jeher abgelehnt, mit wenigen Ausnahmen – zum Beispiel auf dem Hamburger Dom. Vier Kleine gibt es da nur heiß und fettig und mit Senf, aber ohne Bio.

In solchen Fällen drücke ich beide Augen zu und kompensiere meinen Fehltritt damit, dass ich nach Hause radele und dabei manchmal sogar das Licht ausgeschaltet lasse. Wir wussten jetzt also, wo wir leben würden (an der Ostsee), wie (nachhaltig und ressourcenschonend) und vage auch wovon (wir arbeiten remote). Alles andere würde sich finden.

Am Umzugstag klingelte ich bei Vivi, um sie mit einem Cappuccino large abzuholen.

»Pappbecher? Du Sau!«, begrüßte mich Vivi verkatert, drehte sich um und verschwand in ihrem langen Flur, dem sogenannten Hamburger Knochen, holte alles, was noch nicht im Auto, bei ihrem Ex oder in den Kleinanzeigen war und ihr für unser neues Leben brauchbar schien, schloss die Tür hinter sich ab und folgte mir auf die Straße. Ein neues Kapitel fing für uns an.

Was soll ich sagen? Es war alles nicht so einfach, und innerhalb weniger Tage wurde aus unserem Do-it-Yourself-Gedanken beim Umbau ein Family-and-friends-Programm, das so ziemlich jede Baustelle und viele Lebensbereiche betraf.

Vivi hatte sich zum Beispiel schon darauf gefreut, endlich ihr eigenes Hochbeet bauen zu können, als wir noch nicht mal ein Haus gefunden hatten. Sie schwärmte vom Gemüse, das sie darin ziehen würde, einem Eckchen Blumenwiese ... Doch als der große Tag endlich gekommen war, ging leider so ziemlich alles schief, was nur schiefgehen konnte, obwohl sie sich schon im Vorfeld viele Gedanken gemacht und alles genau geplant hatte.

»Glückwunsch zu eurer Bauruine!«

Unsere neue Nachbarin stellte sich mit selbst angesetzter Giersch-Limonade bei uns vor. Brigitte Bauerfeind war auf dem Hof aufgewachsen und bewohnte die

Schmiede direkt neben uns. Sie packte selber an und verbrachte den ganzen Tag in ihrem Garten. Die Probleme mit unserem Abwasser waren bei unserem Notar-Termin kein Thema gewesen, auch nicht im Kleingedruckten. Brigitte sah es »als ihre Pflicht an«, uns davor zu warnen, denn »sonst fliegt euch die Scheiße noch um die Ohren«. Schönerweise legte sie nicht nur das Problem dar, sondern bot auch dessen temporäre Lösung an:

»Ich hab ein Plumpsklo im Garten, Schlüssel liegt unterm Topf.«

Darum würden wir uns also »später« kümmern können. Jetzt mussten wir erst mal den Haufen Bretter und Schrauben in ein Hochbeet verwandeln. Der ganze Krempel war am Vortag geliefert worden. Obwohl ich sowohl Vivi als auch Brigitte – wenn auch in verschiedenen Zusammenhängen – als sehr praktisch veranlagt erlebt hatte, schienen beide keine Ahnung zu haben, wie sie all das zu einem funktionierenden Hochbeet zusammenbauen sollten. Das kam überraschend.

Brigitte kratzte sich am Kopf und sagte: »Also ich glaube, das müsste doch eigentlich ganz einfach sein, oder?«

Vivi seufzte. »Ja, eigentlich schon. Aber ich habe beim YouTube Tutorial nicht genau genug aufgepasst, es ist zu lang, es jetzt noch mal zu gucken, und der Typ, der es abhält, nervt total. Wir fangen jetzt einfach mal an.« Ich zog mich mit dem Hinweis darauf, dass ich für Hilfsarbeiten niederer Art selbstverständlich zur Verfügung stünde, mit Gartenhandschuhen bewaffnet in eine verkrautete Ecke des Hofes zurück und beobachtete das Treiben lieber von Weitem.

Die beiden fingen an, Bretter zu sortieren und Schrauben auszupacken. Doch schon bald wurde klar, dass etwas nicht stimmte.

»Das sind doch viel zu viele Schrauben«, sagte Brigitte verwirrt.

»Ja, ich habe mich da bei der Bestellung verschätzt. Aber Schrauben werden ja nicht schlecht«, antwortete Vivi unumwunden.

Also begannen sie, die überschüssigen Schrauben zur Seite zu legen und weiterzuarbeiten. Doch dann stellten sie fest, dass die Bretter nicht alle gleich lang waren.

»Oh nein«, stöhnte Vivi. »Wie konnte ich das nur übersehen?«

Brigitte lachte. »Na komm, das ist doch nicht so schlimm. Wir können die Bretter einfach auf gleiche Länge sägen. Und dann passt das.«

So sägten sie also die Bretter zurecht und begannen von vorne, das Hochbeet zusammenzustecken. Doch als sie fast fertig waren, stellte sich heraus, dass sie zwei Bretter vergessen hatten und das Beet nicht an allen vier Ecken gleich hoch war.

»Das gibt's doch nicht«, sagte Vivi entnervt. Sie war die Rolle der scheiternden Städterin überhaupt nicht gewohnt und reagierte entsprechend schlecht gelaunt.

»Doch, das gibt's wohl«, lachte Brigitte. »Aber das kriegen wir schon hin. Wir nehmen einfach ein paar der überschüssigen Bretter und sägen die auch zurecht. Ist mehr ein Puzzle als ein Hochbeet, aber nützt ja nichts.« Vivi hatte sich ohnehin nur widerstrebend auf eine Art Bausatz mit Videoassistenten beim Hochbeetbau verlassen. Lieber hätte sie dafür die Bretter, die wir in der Scheune gefunden hatten, benutzt. Dass jetzt nicht mal diese Lösung sofort funktionierte, lehrte uns Demut.

Irgendwann – ich hatte inzwischen mehrere Runden Getränke gereicht – war es Vivi und Brigitte doch noch gelungen, das Hochbeet beziehungsweise dessen Rohbau fertigzustellen – wenn es auch nicht ganz so perfekt aussah wie geplant und für eine Insta Story erst bewachsen infrage kam. Kommentare im Stile von »Haufen Schrott, oder was?!« wollten wir uns alle lieber ersparen. Vivi und Brigitte waren trotz allem stolz auf ihr Werk und freuten sich darauf, bald darin zu gärtnern. Und ganz ehrlich: Ohne Brigittes Einsatz hätten wir am Abend vermutlich eher ein Lagerfeuer gemacht, als das lang ersehnte Hochbeet endlich im Garten zu haben.

Bei Lichte betrachtet – am nächsten Morgen –, war das Hochbeet viel größer als geplant. Das war einerseits kein Problem, weil wir mehr als genug Platz hatten. Andererseits stellte es Vivis Pläne zur akkuraten Bepflanzung infrage. Sie beschloss, es trotzdem zu nutzen, und begann, den Boden mit Steinen auszulegen, was eine überschaubare Aufgabe zu sein schien, bei der ich ihr zur Hand gehen durfte.

Als wir endlich damit fertig waren, wollten wir das Hochbeet aufstellen. Leichter gesagt als getan: Das Hochbeet war viel zu schwer, als dass wir es zu zweit einmal quer über den Hof hätten tragen können. Ob wir noch mal unsere Nachbarin Brigitte um Hilfe bitten konnten? Ehrlich gesagt blieb uns keine andere Wahl, und so riefen wir verschämt über den Zaun. (Nein, wir riefen nicht »Hilfe!«.)

Als wir das Hochbeet gemeinsam endlich an seinen Platz gehievt hatten, bemerkten wir, dass es schief stand. Auch das versuchten wir, nachdem Brigitte insistierte, zu korrigieren, aber jedes Mal, wenn wir es ein paar Zentimeter anhoben, schien es noch tiefer einzusinken, nachdem wir es wieder zu Boden gelassen hatten. Jetzt kapitulierte auch Brigitte, und wir beschlossen, die Schräglage »später« zu korrigieren. Als wir endlich anfangen wollten, Erde hineinzufüllen – eine weitere Arbeit, für die meine hilfsarbeiterischen Fähigkeiten gerade noch infrage kamen –, fiel auf, dass wir auch zu wenig Erde hatten. Das Hochbeet war ja viel größer als geplant.

Vivi schaute frustriert auf unser Werk, und wir beschlossen, uns erst mal eine Pause zu gönnen. Brigitte lud uns ein in ihre Küche, um »erst mal einen Tee für die Stimmung zu machen«. Ich war unsicher, ob und wenn ja wie sehr Tee dabei helfen würde. Plötzlich hörten wir ein lautes Krachen aus dem Garten. Wir rannten raus und konnten nicht fassen, was wir sahen: Das Hochbeet war umgestürzt, wirkte zerstört und all die Arbeit umsonst.

Nach etwas mehr »Tee« als geplant beschlossen wir, es »später« erneut zu versuchen. Doch diesmal würden wir – also vor allem Vivi – besser planen.

An einem sonnigen Morgen ein paar Tage später machten wir uns auf den Weg zu unserem anderen

Nachbarn Holger, der ein paar Schafe, ein Fernglas und ein Gewehr besaß. Er war der nette Jäger, der uns über die Spießer auf dem Land aufgeklärt hatte. Heute wollten wir ihm beim Füttern helfen. Als wir damit fertig waren – vermutlich hätte Holger unsere Hilfe nicht unbedingt gebraucht, aber es war nett, dem Nachbarn so etwas näher zu kommen –, bedankte sich Holger so förmlich, wie wir ihn nie wieder erleben sollten, bei uns und lud uns ein, sich noch eine Weile auf seinem Hof umzusehen.

»Ich säge dann mal Brennholz«, sagte Holger und zeigte auf den riesigen Holzstoß neben ihm.

»Oh, das wollte ich auch schon immer mal lernen. Kannst du mir zeigen, wie man Holz spaltet?«

»Joa«, holgerte er und reichte Vivi eine Axt.

Vivi war sichtlich nervös, als sie die Axt entgegennahm, aber Holger gab ihr Anweisungen, wie man das Holz richtig auf den Spaltblock legte und die Axt schwang, um es zu spalten.

Die ersten Versuche waren nicht gerade erfolgreich. Vivi verfehlte das Holz immer wieder und traf stattdessen den Spaltblock. Brigitte, unsere Nachbarin, kam vorbei, um zu sehen, »wer diesen Höllenlärm veranstaltete«. Wir plauderten, bemühten uns, Vivi nicht auszulachen, doch nach einiger Zeit hatte sie den Dreh tatsächlich raus. Es war harte Arbeit, aber es machte ihr offensichtlich auch Spaß. Nachdem sie das Holz gespalten hatte, räumten wir es gemeinsam in Holgers Schuppen. Das Beste daran war nicht mal, dass nun auch Vivi Holz machen konnte. Das Beste daran war auch nicht, dass

Holger uns im Gegenzug half, das gekenterte Hochbeet wieder auf festen Boden zu stellen.

»Wird das der schiefe Turm von Pisa?«, fragte er sichtlich neugierig und deutete über den Gartenzaun. Kurz überlegte ich tatsächlich, ihm das Ganze als Kunstinstallation zu verkaufen. Oder es ihm als Extraration Brennholz zur Spaltung anzubieten. Meine Gedankenspiele wurden jäh unterbrochen, denn kaum hatte unser Nachbar die Frage gestellt, klappte der Turm in vier Richtungen auseinander.

»Habt ihr keine SPAX genommen?«

»Welchen Spatz meinst du«, wollte ich von Holger wissen.

Er griff in die Seitentasche seiner Arbeiterhose und zeigte mir eine Schraube.

»4 × 70.«

»280«, antwortete ich nach kurzer Zeit zufrieden.

»6 × 80 ist auch gut.«

»Äh, das sind 480.«

Ich war ganz, ganz offensichtlich mehr der Typ für Kopf- und nicht für Handarbeit, und so dämmerte mir erst allmählich, dass Holger mit den Zahlen die Größe der Schrauben meinte. Kurz darauf kam er mit seinem Akkuschrauber und einer Dose »SPAX« mit zu uns rüber und schraubte das Beet in wenigen Minuten zusammen. Ich stand unschlüssig daneben, während Vivi und Brigitte wenigstens vorgaben, helfen zu können und zu wollen. Wie Cheerleader drückten sie gegen die Bretter, machten ihre Sache aber offensichtlich auch nur halb zu seiner Zufriedenheit, sodass Holger mit einem Tritt nachhalf. Wie auch immer es dazu kam: Das Beet stand jedenfalls.

Und:

Das Beste daran war, dass das Eis zwischen Vivi, Brigitte, Holger und mir danach wirklich gebrochen war.

Kapitel 5

KACKVOGEL

»Hallo, Mama?«

»Ah – Lindaaaa, bist du es?«

»Ja.«

»Warum rufst du vorher nicht an, damit ich weiß, dass du kommst.«

»Habe ich doch. Hast du nur vergessen.«

»Bei mir hat kein Telefon geklingelt.«

»Muss es aber, sonst wärst du ja nicht rangegangen.«

»Wann soll das gewesen sein?«

»Vor zwei Stunden.«

»Ich habe mit niemandem gesprochen. *(Pause)* Dein Bruder hat angerufen.«

Dann ist ja gut.

Vivi und ich waren auf einem unserer, meinem Gefühl nach, zu seltenen Ausflüge in der Stadt unterwegs. Sie wartete geduldig im Auto vor Chrissis Wohnung und nutzte die Stunde, um weitere Einrichtungsideen für unseren Bauernhof zu sammeln. Der Kofferraum war bereits voller Lampen, Hängeregale und Stoffballen. Vivi hatte vor, aus alten Autoreifen aus unserem Schuppen Sitzhocker zu bauen. Dafür musste man mit der Stichsäge nur ein rundes Stück Sperrholz zuschneiden, etwas Schaumstoff für den bequemen Sitz in den Reifen, der jetzt einen Boden beziehungsweise eine Sitzfläche hatte, stopfen und alles beziehen. Deshalb der viele Stoff. Am Ende wurde der Reifen mit einer Klebepistole bearbeitet und mit einem Hanfseil umwickelt. Fertig war das »coole« Designerstück, auf dem man laut Vivi sehr gut würde meditieren können. Ich hatte jetzt die Aufgabe, Chrissis Nähmaschine auszuleihen, was sie »seeeeeeeeehr wunderte« (Zitat Ende).

»Du Nähmaschine? Machst du Witze?«

Ich erinnerte sie an Großvater, der ja nach ihren Erzählungen ganz Griechenland an einer Singer-Nähmaschine ausgebildet hatte. An den klassischen schwarzen und mechanischen Modellen mit Fußpedal. (Wir hatten bei unserer Singer »Heavy Duty« inzwischen ein Stromkabel und die Auswahl zwischen 23 verschiedenen Stichprogrammen.) Nähen lag uns also im Blut. Meine Mama frischte trotzdem noch kurz meine Erinnerung daran, wie die Maschine zu benutzen ist, auf, wir tranken Kaffee, sie packte mir griechischen Joghurt in die Handtasche, und dann ging es wieder los. Zurück auf Los, zurück aufs Land. Im Kofferraum eine Singer und jede Menge Stoff für den Innenausbau.

Vivi und ich ergänzten uns immer besser. Ich konnte zwar nicht beurteilen, wie es ist, eine Schwester zu haben, aber Vivi kam dem, was ich mir darunter so vorstellte, schon ziemlich nahe. Sie nervte mich manchmal zu Tode, war aber auch pragmatisch, schlagfertig und wild entschlossen zu absolut allem. Wie ich inzwischen wusste.

Auf unserer allerersten Fahrt von Ottensen nach Schleswig-Holstein, zu der ich sie aus ihrer leeren Wohnung mit meinem alten Mercedes abgeholt hatte, kam sie mir plötzlich ziemlich fremd vor, und ich fragte mich bis zur Autobahn das, was ich mich in den kommenden Monaten noch häufiger fragen sollte: ob diese gemeinsame Auszeit wirklich eine so gute Idee gewesen war. Doch auf engem Raum (Auto, Hof, das Land als solches) blieb uns gar nichts anderes übrig, als uns noch besser kennenzulernen. Auf dieser ersten Fahrt, die eigentlich der Umzug war, suchte und suchte und suchte ich nach unverfänglichen Themen, bis ich auf ein beliebtes Spiel aus meiner Kindheit kam, mit dem meine Brüder und ich uns auf den endlosen Fahrten nach Griechenland häufig die Zeit vertrieben hatten: Wir spielten Kennzeichen raten als Bonusvariante und hielten Ausschau nach besonders schrägen Kombinationen auf den Nummernschildern der Autos, die schneller als mein lieber alter W 123 waren. Der Fahrer eines blauen Mazda mit dem Kennzeichen KI-NG 117 saß besonders stolz hinter seinem Lenkrad und performte wie ein Rapper auf der Bühne. Seine rechte Hand zerschnitt die Luft in hundert Teile, und er bewegte seine Lippen hektisch, was Fluch, Segen oder Drake bedeuten konnte. Etwas entspannter ließ es ein Wohnmobilfahrer auf seinem Ausflug angehen. Neben seinem missionarischen Aufkleber »Dosenbier – all over the world« hatte er sich sein Lieblingsgetränk aufs Heck tätowieren lassen: PI-LS 333. Unser Fang des Tages kam aber nicht aus dem Norden, sondern aus dem Ruhrgebiet. Trotz Tarnung mit Basecap und Sonnenbrille in seinem Ford Mustang war uns schnell klar, warum sein Auspuff so laut röhrte: DU-MM 424.

»Dumm röhrt gut«, prustete Vivi vor Lachen und kriegte sich gar nicht mehr ein, als uns danach auch noch ein Transporter mit der Werbung »geist.reich« überholte.

»Wahrscheinlich fahren die alle im Konvoi«, kommentierte ich, während Vivi vor Freude so fest auf mein Armaturenbrett haute, dass sich meine Handyhalterung löste.

»Schau du mal nach SE-XY oder KI-LL«, trug ich Vivi auf und tauchte mit einer Hand in den Fußraum ab. Mein Fahrwerk war in die Jahre gekommen und entsprechend laut, aber auf modernem Flüsterasphalt verstand man die Sprecherin im Radio schon. Wir hörten Deutschlandfunk, wo die Moderatorin offenbar am Ende einer Diskussionsrunde über zeitgemäßes Beschimpfen angekommen war und uns mitgab, dass es angemessener sei, statt »Du Penner« lieber »Pissnelke« oder »Arschgeige« zu sagen. Wir begannen ein neues Spiel, weg von den Nummernschildern, hin zu diskriminierungsfreiem Schimpfwörter-Bingo.

»Du Horst.«

»Geht nicht«, korrigierte mich Vivi.

»Männerfeindlich.«

»Du Sau.«

»Da bekommst du Probleme mit Tierschützern.«

»Du Erbse«, versuchte ich zu punkten.

»Perfekt, viel Proteine, klimaneutral und eigentlich auch eine gute Beschreibung für unseren neuen Nachbarn, diesen ... Hochsitzheini.«

»Du meinst Holger Hassler?«

Ich erklärte Vivi, dass Holger ganz sicher in Ordnung sei und bestimmt eine funktionierende Stichsäge und Heißklebepistolen in seiner Werkstatt habe. Nach so vielen Jahren in einem Kiosk erkannte ich ein gutes Herz und einen klaren Verstand, auch wenn er manchmal bewaffnet auf einem Hochstand saß.

Auf dem Rest der Strecke überlegten wir uns, wie der Dorfbevölkerung insgesamt näherzukommen wäre. Während wir uns hochschaukelten und die Fragen und Dialoge mit verschiedenen Charakteren, von denen wir maximal die Namen oder ihre Gesichter durch die Autoscheibe kannten, durchspielten, wurde unser Spaß dokumentiert. Zwei Wochen später bekamen wir das Beweisfoto von der Bußgeldstelle Schleswig-Holstein: Ein Schwarz-Weiß-Foto von zwei lachenden Frauen hinter Bordesholm; Bildunterschrift 122 Stundenkilometer, wo nur 100 erlaubt waren. Das hätte ich meinem alten Auto gar nicht mehr zugetraut.

Auf dieser Fahrt, die jetzt unser Heimweg war, passte ich besser auf. Und das Beste war: Wir wussten inzwischen schon viel, viel besser, wer und was uns dort erwartete. Wir waren so was wie angekommen, aber noch längst nicht an unserem Ziel angelangt.

Kapitel 6

JENSEITS VON EDEN

»Wir machen das jetzt noch dreimal und geben alles«, presste Vivi motiviert wie bei einem Geburtsvorbereitungskurs hervor. »Ich weiß, dass du das schaffst, halte durch«, legte sie mit überdrehter Stimme nach. »*Keep Going!*« Gerade hielt sie theoretisch das Online-Seminar »Zum stärksten Ich in nur 6 Wochen« ab. Dabei verbrannten ihre ebenso theoretischen Bildschirm-Kunden auf dem Trimmdich-Fahrrad, an ihrer Wand und auf ihrem Boden Kalorien, bauten Muskeln auf und Selbstzweifel ab. Praktisch synchronisierte Vivi seit drei Wochen nebenbei für die amerikanische MyBody-App Videos vom Englischen ins Deutsche. Sie ist so etwas wie die deutsche Stimme einer amerikanischen Fitnesstrainerin, die bekannter ist als Kamala Harris oder Lauryn Hill. In den Onlinekursen vor Publikum sitzt die Trainerin Lilly Love, deren Grad an Erschöpfung Vivi gerade stimmlich nachzustellen versuchte, mal schwitzend in einem engen Gymnastikanzug auf einem Spinning-Rad, wie gerade eben bei Vivis Vertonungs-Job, oder sie liegt schon säuselnd bei der Schlussentspannung auf ihrer Yogamatte, streichelt ein letztes Mal die Faszien und weist zum Höhepunkt auf das Bezahl-Abo für den Sportkurs hin: »Wenn dir unsere sechs-Wochen-Challenge auch gefällt, lade doch deine Freunde ein und teile den Spaß.«

Neben dem Abo gibt es auch noch einen Hinweis auf die neuen Fahrräder, Klamotten und Hanteln. Wer das alles hat, muss nicht mehr in einen Fitnessclub gehen, turnt zu Hause vor dem Handy und sorgt dadurch für viel Umsatz, von dem ein mückenstichgroßer Teil bei Vivi landete. Sie beendete die Sprachaufnahme, klappte ihren Laptop mit den Texten und Anweisungen zu und stellte das von der Decke hängende Mikrofon aus. Dann löschte sie das Licht im Pferdestall. Ihr neues Tonstudio war vielleicht gerade mal zehn Quadratmeter groß. Genauso viel Platz hatte das Pferd auf unserem Hof vor 50 Jahren in seiner Box. Vielleicht hatten hier früher aber auch die Magd oder der Knecht gewohnt, oder alle drei zusammen. Die Erzählungen von Brigitte Bauerfeind änderten sich wie das Wetter, aber das war uns egal. Die Geschichten erzählten von einer Welt wie in der Caro-Landkaffee-Werbung von vor 35 Jahren und vermittelten einem ein behagliches Gefühl, obwohl die Realität damit sicherlich so viel zu tun hatte wie Malzkaffee mit Espresso. Aus den wenigen Geschichten, die meine Mutter manchmal aus ihrer Kindheit erzählte, wusste ich, wie entbehrungsreich das Leben auf dem Land früher war, in Schleswig-Holstein und in Griechenland.

Vivi hingegen war ganz im Hier und Jetzt: Sie war stolz auf ihren Selbstausbau. Sie hatte Eierkartons aus recycelter Pappe an die Wände genagelt, die jetzt für eine ordentliche Akustik sorgten. Außerdem hatte sie bei IKEA in Kiel einen Paravent aus Bambus gekauft und aufgestellt, der für einen besseren Ton und auch für bessere Schwingungen im Raum sorgte. Was Vivi halt inzwischen so alles fühlt bei der Arbeit. On top ein altes Stehpult, das sie im Schuppen gefunden, abgeschliffen und mit Leinöl eingerieben hatte. Meine feine Nase würde den Raum als *muffig* bezeichnen. Vivi sagte, das sei gut für die Atemwege, schließlich müsse sie ganz schön keuchen, damit ihre Synchronisation für MyBody authentisch sei. Und außerdem habe es im Pferdestall früher wahrscheinlich auch nicht besser gerochen.

Im ersten Anlauf hatte sie die Eierkartons noch selber an die Decke gehängt, dabei motiviert und bewaffnet mit Reißnägeln unsere klapprige Stehleiter erklommen und einen lauten Streit mit dem Balken, an dem sich auch schon ein Holzwurm die Zähne ausgebissen hatte, ausgefochten. Genauso wie Holger Hassler es vorhergesagt hatte, war die Akustik im damals noch provisorischeren Synchronstudio letztlich »bescheiden« (Holgers Wort), weil die Pappen sich am nächsten Tag auf dem Boden stapelten. Auch das hatte Holger vorhergesagt. Danach durfte er uns nicht mehr nur mit Rat, sondern auch mit Tat zur Seite stehen und tackern, schleifen, bohren. Dafür hatte er High-End-Geräte von Hilti, Makita oder Bosch. Mit nacktem Oberkörper hatte ich ihn noch nicht gesehen, war mir aber sicher, dass er seine Lieblingswerkzeugmarken irgendwo auf seinen Körper tätowiert hatte, wie andere das Geburtsdatum ihrer Kinder. Unsere Baumarkt-Schnäppchen, der Winkelschleifer von Parkside oder der Akkuschrauber von Ferrex, hingen jetzt schon ziemlich lange unbenutzt zum Aufladen im Schuppen. Daneben stand ein Eimer mit einer Mörtelkelle und einer Tube Reparaturfüllung: Der erste Verputz-Versuch endete wie der Ausbau im Tonstudio, und so erkannten wir ziemlich schnell, wie abhängig wir von Männern und Maschinen waren. Und natürlich von Brigitte. Vivi verglich unser Projekt auf dem Land mit der Energiewende, wo mit Brückentechnologie wie Kohle, Gas und Atom das große Ziel einfach schneller erreicht werden konnte. Der blaue Nagel beim Hämmern im neuen Tonstudio tat genauso weh wie die auf dem Boden liegenden Eierpappen nach dem ersten, semidilettantischen Anbringversuch, weshalb wir bei unserer Mischkalkulation jetzt auch auf Nebenjobs wie »Synchronstimme für MyBody« setzten. Ein Monat »Bauch, Beine, Po«-Motivations-Ansagen im Pferdestall finanzierte den nächsten Handwerker und dessen Einsatz, zum Beispiel von Dachdecker Kruse und Schornsteinbauer Jörnsen. Die beiden hatten noch bessere Werkzeuge als Holger und flickten unser Dach. Als ich wieder einmal aus der Stadt zurückkam und Vivi eigentlich nur ein Bad hatte nehmen wollen, parkte der Wagen eines Sanitär-Meisters auf dem Hof mit einem beeindruckenden Versprechen: »Rohr Jumbo. Egal wie groß und lang, wir reinigen Rohre, wie es keiner kann.« Er fischte aus unseren Abwasserrohren im Bad Feucht-

papier und ein Spültuch einer in den 8oer-Jahren unter-
gegangenen Marke, mit dem wir eindrucksvoll belegen
konnten, dass das alles noch Reste von anderen Generationen und Vorbesitzer waren.

Immerhin waren wir jetzt Selbstversorger. Besser gesagt
wollten wir es werden. Im Moment wuchs im Garten,
der hauptsächlich von Maulwürfen umgegraben wurde,
nicht viel. Holger hatte mir natürlich umgehend seine
Wühlmausfalle einschließlich Patronen angeboten. Ich
hatte tatsächlich kurz darüber nachgedacht, den Um-
stand auszunutzen, dass Vivi in ihrem Tonstudio saß
und den Knall nicht hören würde. So hätte sich zumindest eines unserer Probleme in Luft aufgelöst beziehungsweise in Rauch. Holger hatte sogar angeboten, auf
der Terrasse Schmiere zu stehen, sollte Vivi ihre Sport-
aufnahme vorzeitig beenden. Am Ende hatte ich aber zu
große Gewissensbisse, legte den Sprengsatz wieder zur
Seite und ließ die süßen Tiere weiter ihre Gänge bud-
deln. Holgers Plan ging also nicht auf, er würde uns in
dieser Frage nicht spalten. Später erzählte ich Vivi von
dem geplanten Attentat in unserem Garten und bekam
ganz nüchtern zu hören: *Wer einen Maulwurf tötet, jagt
oder verletzt, muss mit einem Bußgeld von bis zu fünfzigtau-
send Euro rechnen.* Ich gab das Versprechen ab, in diesem
Sommer nur Stechmücken und vielleicht ein paar eklige
Nacktschnecken zu töten, obwohl diese ja auch nützlich
sein sollen. Ansonsten wollte ich meinen Fleischkonsum
weiter reduzieren. Wurststräuße (ein Blumenstrauß, der
komplett aus Wurstprodukten besteht. Die Blüten zum

Beispiel sind aus fein säuberlich zusammengerollten Mortadella-Scheiben. Überhaupt ist alles in zartem Rosa gehalten, wie bei einem Strauß Rosen. Duftet auch. Nur anders.) wurden nicht mal als ironisches Geschenk vom Lande akzeptiert, wenn wir auf einem Geburtstag in der Stadt eingeladen waren. *Mit Essen spielt man nicht,* erwiderte Vivi todernst, und selbst Chrissi hatte mein Mitbringsel als »zäääääh« abgetan. Ohnehin war dieser Besuch bei meiner Mama und in der großen Stadt aus kulinarischer Sicht nur mit sehr viel Wohlwollen als geglückt zu betrachten. Ich hatte ihr, wie zuletzt manchmal, etwas zu essen mitgebracht, wodurch es zu diesem Samuel-Beckett-artigen Dialog kam:

Ich: »Ich habe dir etwas zu essen mitgebracht.«

Mama: »Ich habe keinen Hunger.«

Ich: »Das sagst du immer. Und am Ende schmeckt es dir doch.«

Mama: »Ich habe nie Hunger.«

Ich: »Als ich klein war und nie hungrig, hat dich das auch nicht interessiert.«

Mama: »Das ist etwas anderes.«

Ich: »Das ist genau das Gleiche. Ich habe Spaghetti Bolognese mitgebracht. Das magst du doch.«

Mama: »Hatte ich schon.«

Ich »Wann?«

Mama: »Vor zwei Wochen.«

In einer anderen Sache stellte sich nach und nach ein gründlicher Lerneffekt ein: Mir wurde immer klarer, dass die Natur sich selbst am besten helfen konnte, auch mit freundlicher Unterstützung des Maulwurfs. Ich würde zum Frühjahr hin dankbar sein für die vielen Haufen mit lockerer Erde, um damit unser neues Hochbeet aufzufüllen. Wir machten uns dafür bereits im Januar ordentlich die Hände dreckig. Nach dem Spiel ist nämlich vor dem Spiel, erklärte mir die Fitness-Influencerin Vivi unsere Saisonziele und verglich die Wintermonate mit der Sommerpause im Fußball, wo ja auch die wichtigsten Transfers abgewickelt werden und Kondition aufgebaut wird, um am Ende die Ernte einzufahren. In unserem Fall bedeutete das: Saatgut trocknen, tauschen, mulchen, Beete bauen und natürlich jede Menge Videos auf YouTube schauen, wie wir aus alten Fallrohren ein neues Bewässerungssystem bauen könnten und warum wir unseren Kräutertee als Flüssigdünger einsetzen sollten. Draußen in der Kälte fühlte ich mich wohl, dick eingepackt, mit und ohne Handschuhe, egal. Am Ende jeder Session im Garten klebte unter den Fingernägeln immer braune Erde, und in einem Finger entzündete sich ein Dorn oder ein spitzer Holzsplitter, der sich beim Wegtragen der Heckenrose sogar durch die Lederhandschuhe gebohrt hatte.

Als Selbstversorger mussten wir also schon zu Beginn des Jahres umgraben, düngen, Hecken und Bäume schneiden. Wir mochten unseren Dschungel eigentlich und säbelten im Sinne künftiger Nutzpflanzen und entgegen jeder Stadtromantik trotzdem mit unseren Akkuschneidern im winterharten Grün herum. Holger erledigte die Reste mit Benzin, und so türmte sich schon nach kurzer Zeit ein großer Haufen hinter unserem

Haus, den wir je nach Windrichtung an Ostern oder beim Biikebrennen abfackeln wollten. So heißt in Schleswig-Holstein das traditionelle große Feuer, um den Winter und die bösen Geister zu vertreiben und die neue Saat zu schützen. Unser Holzschuppen durfte dabei aber nicht in Flammen aufgehen. Das hatte ich in meiner rabiateren Phase (»Tod dem Maulwurf«) auch mal vorgeschlagen, um nicht im wahrsten Sinne des Wortes eine weitere Baustelle auf dem Grundstück zu haben. Abreißen, abfackeln und dann einfach Rollrasen. Das sei nicht bienenfreundlich, erklärte mir Vivi. Mit dem Gartenreste-Feier-Feuer ohne Schuppen sparten wir wenigstens die Fahrten zum Recyclinghof, schmissen noch jede Menge brennbaren Schrott vom Umbau auf unseren Haufen und würden mit der Asche dem Boden auch wieder was Gutes tun.

»Wir sollten ein Gartentagebuch anlegen«, schlug Vivi vor.

Ich war zu müde zum Lesen und döste bereits vor dem Kamin, das Feuer war schon wieder aus.

»Liebes Tagebuch, meine Hände sind rau und meine Arme tun weh.

Heute, morgen, übermorgen.«

»So ein Quatsch, denk doch nicht immer nur an dich.«

»Stimmt, du bist ja auch noch da.«

»Genau, und ich lese gerade, weshalb man Gemüse immer wieder an anderen Orten anpflanzen soll, Dreifelderwirtschaft und so. Und wer mit wem am besten kann.«

»Also Holger lieber weit weg von dir, richtig?«

»Tatsächlich vertragen sich Tomaten, Chilis und Auberginen nicht in einem gemeinsamen Beet.«

»Hauptsache, sie landen am Ende bei uns im Ofen.«

So richtig warm war es mir nicht, trotz Kaminfeuer, Wolldecke und einer Kanne »Frauenglück«. Das war ein Bio-Kräutertee mit Süßholz, Kamille und Shatavari. Ich hatte schon zwei Tassen, bevor ich mich über den Beipackzettel wunderte. In Indien ist Shatavari bekannt als »die 100 Ehemänner hat«. Shatavari soll bei Menstruationsproblemen helfen, jünger machen und die Libido stärken. Ich hatte schon zwei Tassen Viagra für Frauen getrunken, die Wirkung der Königin der Kräuter schien aber erst ab 20 Grad Außentemperatur einzutreten. Vivi vertröstete mich auf den Sommer und ihre Pläne mit Solaranlage und Wärmepumpe. Nach Flug-Scham und Fleisch-Scham litt sie nämlich auch unter Bau-Scham. Nicht zu verwechseln mit Bauschaum, den wir für die undichten Stellen unter den Fenstern oder die nicht immer passenden Recycling-Bauteile dringend benötigten. Vivi war leidenschaftlich dabei, mit dem Umbau gleichzeitig die Ressourcen auf dem Planeten zu schonen, und stöberte deshalb stundenlang in Internetforen. Dort konnten wir sowohl unsere alten Dinge inserieren, für die sich kaum jemand interessierte, wie beispielsweise eine gusseiserne Kaminplatte mit einem Hirsch oder eine pompöse, aber leider auch sehr kitschige Wendeltreppe. Immerhin ersteigerten wir schöne alte Holztüren, die bereits abgebeizt waren, und ein Alufenster für das Frühbeet. Der Baumarkt würde an uns also nur durch Schrauben, Schleifpapier und schlechtes Werkzeug verdienen. Ich fand die Idee, in einem alten Haus zu leben, deshalb so schön, weil ich keine Neubauten mag, weder Doppelhaushälfte noch Pent- oder Tiny-Häuser. »Schön« traf es zwar noch immer nicht, aber wir hatten ein Dach über dem Kopf. Mit dem mussten wir jetzt erst mal durch den Winter kommen, und die Baustelle aka unsere Wohnstube war eben noch lange nicht gemütlich, da halfen auch keine Kerzen aus Bienenwachs oder Schwarz-Weiß-Fotos mit Bildern aus der Provence. Hier war seit zwei Monaten jedes Foto gefühlt schwarz-weiß, weil sich die Sonne irgendwo hinter Wolken und Nebel versteckte. Wind aus Nord oder Nordost war nicht heimelig, sondern brachte lediglich feuchte Kälte.

Es klingelte, Holger stand im Türrahmen. Ohne seine grüne Latzhose, stattdessen mit Jeans und Lederjacke. Fast hätte ich ihn nicht erkannt.

Er fragte, ob er seinen Makita-Akkuschrauber wiederhaben könne, weil er morgen sein Schuppentor flicken müsse. Und ob wir nicht an einem Samstagabend Lust hätten, ihn in die *Probierstube* zu begleiten. Das sei eine Art Hinterzimmer für konspirative Gespräche weit über die Region hinaus. Probieren durfte man die männliche Version von »Frauenglück«, meinte er mit einem abschätzigen Wink in Richtung suggestiver Teepackung. Hier sei ja eine traditionsreiche Branntweinbrennerei angesiedelt, mit einer Gastwirtschaft und einem Nebenzimmer, in dem noch immer geraucht werden dürfe. Auf der Probierkarte stünden ein Weizen-Edelkorn, ein

Weizen-Doppelkorn. Einziger Longdrink, bei diesem Wort hob er die Augenbrauen und sah Vivi an, sei Cola-Korn. Wer das alles nicht mochte, trank eben Pils.

Kurze Zeit später schwebten Holger und wir auf Barhockern. Die Bedienung hörte auf den Namen Corny, was für unseren ersten Lachflash gesorgt hatte. Sie schaute hinterm Tresen aber so grimmig, dass wir uns nicht trauten, nach ihrem Personalausweis zu fragen. (Bis heute wissen wir nicht, ob Corny ein Künstlername ist.) Sie servierte die Drinks einfach kommentarlos, bis es dann um Mitternacht heißen würde:

»Jungs, Feierabend.«

Holger hielt sich zurück und führte uns ein in die geheimnisvolle Bar und die Probierkarte. Er gönnte sich lediglich einen doppelten Ostholsteiner, ohne Eis.

Er trank ihn wie ein Feinschmecker einen Whiskey, hielt das Glas hoch, schaute durch, schwenkte es dreimal und ließ uns daran riechen.

»Wie Klosterfrau Melissengeist«, war mein erster Kommentar.

»Nur milder«, ergänzte Vivi und exte den Korn wie ein Glas stilles Wasser.

»Der ist neunfach destilliert, wie ein guter Wodka, deshalb brennt der auch nicht so im Hals.«

»Habt ihr auch Fanta mit Korn?«, fragte Vivi.

»Mit oder ohne Eis?«, wollte Corny wissen.

Holger hielt das Glas erneut hoch und drehte es wie eine Discokugel. Die Lichtstrahlen der Hängelampe aus Kupfer bekamen dadurch eine neue Richtung und veränderten Holgers Kopf wie ein Kaleidoskop. Mal war er für einen kurzen Moment wie ausgeknipst, dann wieder hell erleuchtet. Seine Züge entspannten sich immer mehr, je länger und tiefer er in das Glas schaute. Nach der Korn-Zeremonie blieb er wie angewurzelt am Tresen stehen, zauberte eine Kippe aus seiner Lederjacke und wiederholte das Schauspiel mit Nikotin wie zuvor mit dem Glas Alkohol. Sein Blick war fokussiert auf die Zigarette, die er wie Claus Theo Gärtner als Privatdetektiv Matula rauchte. Zuerst ein tiefer Zug durch den Mund, dann atmete er durch die Nase aus und machte anschließend eine lange Pause, um den Atem zu beruhigen. Wie beim Hatha-Yoga, nur genau umgekehrt. Die verqualmte Luft im Raum sorgte für ein stimmungsvolles Licht in der *Probierstube*, wie es vor 15 Jahren noch in allen Kneipen ganz normal war, bevor das Rauchverbot flächendeckend eingeführt wurde. Inzwischen hatte Holgers alter Schulfreund den Platz am Flipper geräumt und sich zu ihm gestellt, um eine Kippe zu schnorren.

»Feuer?«

Heiko nickte mir zu. Ich brauchte drei Versuche, um die Streichhölzer anzuzünden. In der Stadt hatte ich lange keine Gelegenheit mehr zum Üben gehabt.

»Raucherkneipen sind bei uns verboten«, erklärte ich mein Missgeschick.

»Bin mal gespannt, ob wir hier auch bald einen Verein gründen, damit wir weiter Schweinebauch grillen dürfen«, bemerkte Heiko mit hochgezogener Stirn und etwas spitz in unsere Richtung.

»Ich beantrage davor jedenfalls einen Parkplatz für

Diesel-Fahrzeuge mit Anhängerkupplung«, ergänzte Holger seinen Gedanken.

Die Reizwörter »Fleisch« und »Diesel« weckten Vivi aus ihrer kauernden Sitzposition auf dem Barhocker. Sie drückte ihr Kreuz durch.

»Dann kannst du deinen Panzer auch gleich stehen lassen.«

Anschließend hielt sie ein Fachreferat über Diesel-Fahrverbote und Tempolimit.

Bessere Luft, weniger Tote und jede Menge eingespartes CO_2 ließen laut Vivi keine Alternative zu.

»Dein Ernst, Tempo 120?«, fragte Holger und zündete sich noch eine an.

»Von mir aus«, gab sich Heiko zunächst achselzuckend geschlagen.

»Und wie schnell darf ich dann außerhalb geschlossener Ortschaften fahren?«

Punkt. Satz. Sieg. Holger und Heiko klatschten sich ab und gönnten sich nach dem Brüllwitz noch einen Korn.

Vivi gab sich so schnell aber nicht geschlagen und versuchte herauszufinden, warum die beiden nicht vom Diesel ließen. Ich konnte ganz gut verstehen, warum sie ihre alten Autos liebten. Heikos silberne Limousine hatte schon 15 Jahre und über 200 000 Kilometer auf dem Buckel, war also aus Heikos Sicht gerade mal eingefahren. Zum Glück gab es Kümmel, den besten Schrauber im Landkreis. Kümmel hatte wohl ziemlich früh die Schule geschmissen und stand seitdem mit ölverschmierten Klamotten in einer großen Scheune vor einer noch größeren Hebebühne. Kümmel hatte laut

Heiko einen guten Blick für »unter der Motorhaube« und besorgte auch sehr günstige Ersatzteile vom Schrottplatz drei Orte weiter. Unglaublicherweise würde auch sein Stundenlohn nur einen Bruchteil der Original-Mercedes-Vertragswerkstatt in der übernächsten Stadt betragen. Zwei Stunden Arbeitszeit wurden in der Regel mit einer Kiste Bier bezahlt, von der Heiko bei der Übergabe die Hälfte selbst trank, schließlich packte er ja nicht nur beim Flaschenöffner selbst an. Am Ende war der Wagen komplett überholt, und auch das Reifenprofil reichte für den TÜV, man kennt sich ja. Bei der feierlichen Übergabe schmückte Heiko seinen Wagen im Innenraum mit bunten Luftballons, damit sich auch ja keiner seiner Kumpels mit dreckigen Stiefeln besoffen auf die Rückbank setzte. Der Wagen hieß fortan »Diggie«, und so nannten sie auch die WhatsApp-Gruppe, die einen Mercedes-Stern als Symbolbild hatte. Die Musik in Holgers Garageneinfahrt kam bei Partys aus den Boxen der S-Klasse, denn Diggie hatte einen zehnfachen CD-Wechsler im Kofferraum, der mit AC / DC, Sido, Extrabreit, Apache 207, Bon Jovi und Helene Fischer gefüllt war. Dazu gab es Würstchen vom Grill mit Senf im Brötchen, was bei mir für Begeisterung sorgte. Das Fleisch kam ebenso wie die Besucher aus der Region. Das Bier durfte sich immer jeder selbst aus dem Kofferraum holen. Auch Kümmel war Stammgast und parkte seinen 5er BMW jeden Freitag rückwärts neben den Bierbänken. So konnte jeder den Schriftzug »Lemmy« lesen, den er oberhalb der Rücklichter in den Lack eingraviert hatte. Der Sänger von Motörhead war im Freundeskreis eine Ikone. Seine Auftritte beim Wacken-Festival waren auf jeder Party ein Thema, vor allem die letzte Show, die Kümmel komplett auf dem Dixi-Klo verpennt hatte.

Vivi zückte bei der Erzählung ihr Handy und zeigte dem leidenschaftlichen Schrauber ein Selfie, das er mit »Hammer« kommentierte, Vivi sofort das Handy wegnahm und es Holger zeigte, als hätte sie sich bei der Mondlandung gefilmt. Historisch würde Kümmel diese Einordnung vermutlich genauso treffen. Auf seine Schnellfeuer-Nachfragen erzählte Vivi bereitwillig, wie sie vor Jahren als Produktionsleiterin beim Wacken-Festival den ikonischen Sänger von Motörhead mit seiner unverwechselbaren Reibeisenstimme interviewt hatte. Auf dem Selfie saß sie in einem Zelt neben Lemmy Kilmister auf einem Sofa, auf dem Tisch standen zwei Flaschen Jack Daniel's und ein Mikrofon. Lemmy trug wie immer sein Metal-Outfit: schwarzer Hut, Sonnenbrille und Lederweste. Sein nackter Arm lag auf Vivis Schulter.

»Hast du auch die Warzen in seinem Gesicht angefasst?«, wollte Heiko wissen.

»Das sind Fibrome«, korrigierte ihn Kümmel, der die Biografie von Lemmy auf seinem Nachttisch liegen hatte wie andere das Neue Testament.

Nach dieser heldenhaften Anekdote mit Fotobeweis war Vivi in der hiesigen Hierarchie ganz weit aufgestiegen. Als Bürgermeisterin, wofür Kümmel sich einsetzte, wollte sie aber nicht kandidieren. Stattdessen durfte sie ab jetzt zu jeder Tages- und Nachtzeit bei ihm klingeln, wenn unser Auto mal liegen bleiben sollte, versprach

Heiko. Und bei ihm sowieso, wenn sie mal liegen bleiben wolle. Beide Angebote lächelte sie weg und spendierte eine letzte Runde Korn.

Als ich einwarf, dass mein »Mersi« auf Vivis Anregung spätestens im Winter ins Altersheim musste, war das bedauernde Gemurmel lang anhaltend und laut. Bis dahin durfte ich im großen Kofferraum meines W 123 Mercedes, Baujahr 83, Blumenerde transportieren, Baumaschinen umherkutschen und andere schwere Fahrten übernehmen. Dann war leider Schluss. Damit wir in unserer Öko-WG auch die selbst gesteckten Klimaziele erreichen würden, hatte ich die Wahl zwischen Elektroauto oder Fahrrad. Völlig irre fanden die anderen die Vorstellung und verabredeten sich demonstrativ am nächsten Tag auf der Moto-Cross-Strecke zu einem Rennen und einer weiteren Grillparty. Ohne Frauen, dafür mit ihren Pick-ups und Anhängern. Aber nicht mal Vivi ließ sich jetzt von den Reizwörtern »Fleisch« und »Diesel« triggern, die in anderer Besetzung und Stimmung eine ordentliche Kneipenschlägerei auslösen würden. Das stundenlange Abschleifen der Deckenbalken im Wohnzimmer hatte sie erschöpft. Sie fragte Holger nach einer Kippe und bestellte noch einen Korn. Dann kippte sie um. Holger zog die Augenbrauen hoch und sagte »Huch«.

Mehr kam aber nicht an Wortbeiträgen und Kommentaren. Es blieb so ruhig wie in der Jever-Werbung. Alles gesagt.

Kapitel 7

FELDSALAT

Nachts ist es in meiner neuen Umgebung nicht einfach nur dunkel: Der Himmel ist richtig schwarz. Auch die vier Straßenlampen in der Sackgasse, die von der Landstraße zu unserem Hof abzweigt, spendeten kein Licht mehr. Sie schalteten sich pünktlich um zehn Uhr ab. Danach brauchten meine Augen immer ein paar Sekunden, bis sie die Umrisse der Gemäuer in der Dunkelheit erkannten. Anfangs bin ich auf dem Weg zum Komposthaufen spätabends mehrmals über die großen Feldsteine gestolpert, der Länge nach in den Dreck gesegelt und musste am nächsten Tag die Karottenschalen, Zwiebelhüllen und Apfelgehäuse mühsam vom Kiesweg sammeln. Jetzt habe ich mich an die Nacht gewöhnt. Ich wartete einfach ein, zwei Minuten vor der Tür, beobachtete, wie der Atem in der kalten, klaren Luft kondensierte und starrte ins Schwarz der Nacht. Ich musste nur warten. Plötzlich stellte sich mein Blick wie ein Autofokus scharf, das schwarze Loch bekam Konturen, und vor meinen Augen entstand eine reale Landschaft. Bäume, Hecken, Hügel.

Ich bin dann in einer Art Raubtiermodus und erkenne auch Zinkeimer oder Anhängerdeichseln, die mir den Weg versperren könnten. Die ersten Schritte machte ich immer ganz langsam, blieb stehen, legte meinen Kopf in den Nacken und beobachtete minutenlang den Sternenhimmel. Das Universum ist vom Land aus viel näher und auch greifbarer. Hier draußen müssten eigentlich viel mehr Wünsche in Erfüllung gehen, weil es so viele Sternschnuppen gab, die im orangefarbenen Licht der Großstadt wegen der künstlichen Beleuchtung der Werbetafeln, der Arbeiten im Hafen rund um die Uhr und der vielen Abgase niemals zu erkennen waren. Ich dachte in solchen Momenten vor unserem Hof an Sommernächte auf Chios oder Kefalonia, wo Berge und Buchten auch weit abgelegen sind. Spätabends am Strand liegend, habe ich auf griechischen Inseln schon viele Reste im Weltraum verglühen sehen und mir viele schöne Dinge erbeten. Als Kind neue Turnschuhe, später einen Auftritt als Tänzerin im neuen Videoclip von Madonna und heute weniger Krampfadern oder Falten. Kalte Luft ist bestimmt gut für die Durchblutung, dachte ich mir nachts und schnaufte dann Yogaatmung simulierend noch mal durch. Ich bin mittlerweile süchtig nach frischer Luft. Damit unser Haus nicht unnötig auskühlte, hatte Vivi Fenster auf Kipp beim Schlafen verboten: Wir sollten lieber morgens und abends stoßlüften. Überdies würde das alte Haus angeblich von selbst atmen. Ich war tatsächlich im Energiesparmodus und führte über solche Kleinigkeiten keine Debatten. Stattdessen wartete ich geduldig, bis sie im Nachbarzimmer eingeschlafen war, und machte morgens rechtzeitig wieder die Fenster dicht. Manchmal wachte ich mitten in der Nacht auf, wenn mich beispielsweise die fauchenden Katzen von Brigittes Hof weckten, die zwar auch gute Augen hatten, den Zinkeimer aber vermutlich absichtlich umwarfen, damit ich ihnen auch um 2 Uhr 30 noch mal das Fell kraulte. Oder wenn der Marder im Dachgewölbe Pogo tanzte. Die dumpfen Schläge im Gebälk hörten sich an, als ob ein Wrestler mit dem Rücken auf den Boden knallte. Dann ging ich kurz vor die Tür. Manchmal weckte mich auch der Vollmond, der zwischen zwei und drei Uhr durch die Bäume schien und das Licht direkt auf mein Gesicht warf. Im Schlafzimmer war es dann hell genug, um zu lesen. Im Frühjahr brauchten wir unbedingt Vorhänge, weil wir sonst zu früh wach wurden, schlechte Laune hatten, stritten, nicht vorankamen. (Ich kann nur im Dunkeln ausschlafen.) Entsprechend weit oben standen sie auf der Einkaufsliste für den nächsten Ausflug in die große Stadt. Außerdem Lehmputz, Spachtel und Putzbesen für den neuen Anstrich in unseren Schlafräumen. Neben unserem Notizblock aus Papier hatte Vivi auch noch eine digitale To-do-Liste angelegt, um ihre Vision besser visualisieren zu können. Dorthin kopierte sie alle Bilder oder Skizzen, die ihr bei Pinterest oder Instagram vorgeschlagen wurden und ihren Geschmack trafen. #Landgang. Für die Fenster favorisierte sie beispielsweise rustikale Leinentücher an selbst geschnitzten Gardinenstangen. Mein Kommentar: Kartoffelsack? Ich könnte mir das gut in unserem Schuppen vorstellen, aber da brauchten die ersten Pflanzen, die dort vorgezogen wurden, vermutlich auch den Mondschein, damit sie im Sommer reichlich Früchte trugen. Manchmal lag ich stundenlang wach und fragte mich, ob wir unseren Umbau überhaupt realisieren konnten oder uns damit übernommen hatten. In den Nächten, in denen ich einen Abstecher nach draußen mache, war es anders: Der Sauerstoff in meinen Lungen wirkte wie K. o.-Gas. Ich schlief sofort wieder ein und amüsierte mich die nächsten Stunden: Mein griechischer Cousin aus Trikala erschien mir im Traum, er saß bei Holger im Hof, trank Bier und reparierte dabei sein Moped, um so Hühner und Kaninchen zu transportieren. Die Tiere sollten weggefahren und geschlachtet werden, hauten aber immer wieder ab. Noch bevor das erste Huhn den Hals umgedreht bekam, wurde ich von einem sehr schrillen Geräusch geweckt. Holger nahm schon wieder die Kreissäge in Betrieb, er restaurierte einen »Hänger«. Ich stellte mich an mein kleines, offenes Fenster und beobachtete, wie die Funken von seiner Maschine in die Einfahrt flogen und verglühten. Er bearbeitete ein Gestell mit Metallrohren, und ich wartete, bis er den Apparat für einen Moment abschaltete.

»Kaffee?«, fragte ich ihn und streckte ihm eine Tasse entgegen.

Holger schob seine Star-Wars-Maske hoch auf die Stirn, rieb sich den Schnodder in den Ärmel und zeigte mit dem Brenner in der Hand auf die Ablage vor der Garage. Die Geste bedeutete übersetzt: »Danke, nehme ich gerne. Stell erst mal ab.«

Holger konnte sich darauf verlassen, dass ich einen

halben Würfelzucker und einen Schuss Milch in die Tasse rühren würde. Inzwischen akzeptierte er sogar Hafermilch. Holger trug Blaumann, ich Jumpsuit. Er ahnte immer schon, dass er im Austausch für Kaffee bei uns etwas reparieren musste.

»Wird das ein neues Bierbike?«, fragte ich ihn, weil das genau die Ansprache war, mit der er begrüßt werden wollte. Er lächelte zwar so früh noch nicht, schickte mich aber immerhin auch nicht gleich wieder weg, musterte seine Sperrholzplatte mit gestreckten Armen von allen Seiten, drehte sie um und lehnte sie an die Seitenwand.

»Das wird mein neuer Tiertransporter.«

Dabei nahm er einen großen Schluck aus der Emaille-Tasse mit dem »Lächle. Du kannst sie nicht alle töten.«-Aufdruck. Der Kaffee taute ihn auf, und plötzlich hörte er gar nicht mehr auf zu reden. Ganz liebevoll sprach er über seine Schafe, die das ganze Jahr hinterm Haus grasten, das Fallobst vom Boden fraßen und ansonsten nur Heu bekamen. Keine Medikamente! Es war wohl eine besondere Rasse mit dunklem Fell, weißer Schnauze und hellen Stellen an den Pfoten. Ich konnte mir die vielen Details nicht merken, verspürte aber eine besondere Bindung, die Holger bei seinen Nachbarn häufig vermissen ließ. Er schlachtete beispielsweise seine Lämmer nicht an Ostern, auch wenn er da die meisten Bestellungen hatte. Er zog sie lieber über den Sommer auf und schlachtete im Herbst, weil die Tiere so immer frisches Gras hatten und mehr Muskelmasse aufbauten. Erst dann wurden sie in der Metzgerei von Dieter Mertens fachgerecht zerlegt. Lammhack, Lammfilet, Lammkeule.

Ohne Stresshormone im Blut, regional verarbeitet, vielleicht noch etwas Rosmarin und Thymian in den Jus. Ob ich mit dem Bio-Rezept bei Vivi durchkommen würde?

»Hast du schon mal ein Tier getötet?«, fragte mich Holger.

»Niemals!«, antwortete ich perplex und verschwieg dabei, dass ich zwar den Wellensittich Beatrix auf dem Gewissen hatte, normalerweise aber nicht mal einer Spinne was zuleide tun und auch kein Blut sehen konnte ...

»Dann lernst du es jetzt. Kommst du mal mit?«

Holger hielt mir seine Hand hin, ich musste nur noch einschlagen. Reflexartig streckte auch ich meinen Arm aus und nahm ihm die leere Tasse ab. Zu diesem Zeitpunkt war mir noch nicht klar, dass Vivi mal wieder schneller gewesen war ...

Bis Ostern war da noch Zeit. Zwei Lämmer würden aus der Herde genommen werden. Ich versuchte, den Gedanken an den zukünftigen Braten schnell beiseitezuschieben, und kümmerte mich zunächst um die Beilage. Unser Feldsalat war trotz Schnee, Wind und Dauerregen in den letzten Tagen satt grün geworden. Hätte man mich so auf das Hochbeet gelegt, ich wäre nach wenigen Tagen einfach eingegangen. Die Blätter aber hatten die Wintersonne und die Nährstoffe im Boden genutzt. Sie waren klein, dunkelgrün und fest und hatten sich gut durchgesetzt gegen die Brennnesseln und das Unkraut im Beet. Vorsichtig zog ich die Rosetten aus dem Boden und klopfe die Reste der Erde von der Wurzel, bevor ich sie in meinen kleinen Korb legte. Eine Bestellung bei

Stadtsalat ginge zwar schneller, weil ich da in wenigen Minuten meine Mischung aus Rucola, Spinat und Mangold bekam. Obwohl sie mit Gemüse-Rösti, Bio-Garnelen und essbaren Blumen dekoriert waren, machte mich der Blick in meinen Korb glücklicher. Außerdem hatte der Salatriese hier auch keine Filiale. Es entspannte mich, die Wurzeln mit dem sandigen Boden abzuzupfen, die Blätter abzuschütteln und den Haufen drei Mal durchzuwaschen. Dabei beobachtete ich durchs Küchenfenster, wie zwei Feldhasen mit nassem Fell über die Wiese hoppelten und ebenfalls Grünzeug knabberten. Ich war fasziniert von ihrer eigenartigen Lauftechnik. Mit dem weißen Fell am unteren Schwanzende schlugen sie einen Haken nach dem anderen. Eigentlich sind Hasen laut Holger sehr scheu, aber sie näherten sich unserem Küchenfenster in den letzten Wochen mehr und mehr. Vielleicht hatten sie in der Paarungszeit für einen Augenblick vergessen, dass und warum Menschen Tiere jagen. Ich war für sie jedenfalls keine Gefahr. Obwohl ich mich für ein schnelles Handyfoto vorsichtig über den Kiesweg schlich, waren sie bei meinem Anblick weggesprungen. Angeblich sind sie fast so schnell wie ein Auto auf der Landstraße. Ich jedenfalls war zu langsam.

»Hattest du früher ein Kaninchen?«, fragte mich Vivi, die mir aus dem Schuppen entgegenkam und mich in die Küche begleitete. Sie hatte jede Menge Erde an ihren Fingern kleben.

»Nein, aber meine Nachbarin Susanne. Ich bin aber sehr gerne zum Füttern vorbeigekommen.«

Vivi berichtete stolz, dass unsere Samen gekeimt

hatten und die ersten größeren Blätter sich hinter den Fensterscheiben der Sonne entgegenstreckten. Sie pflegte unsere jungen Pflanzen am Anfang mindestens so liebevoll wie Kinder ihre Kaninchen und überließ dabei auch nichts dem Zufall. Weil sie sich sehr genau an den empfohlenen Abstand der Pflanzen zueinander und ihre Saattiefe hielt, waren die meisten Samen tatsächlich aufgegangen, sodass ihre Töpfe jetzt sinnvollerweise beschriftet oder Zahnstocher mit kleinen Zetteln wie Miniflaggen in die Erde gerammt werden konnten, damit wir genau wussten, was wir da züchteten. Koriander, Kürbis, Tomate.

»Und wolltest du kein eigenes Kaninchen?«

»Doch, schon, aber das kam für Chrissi nicht infrage«, erklärte ich die schwierigen Verhältnisse meiner Kindheit im Hochhaus in Harburg.

Am Tod von Hoppel, einem der Hasen von Susanne, war ich – glaube ich – nicht ganz unschuldig, weil sein Ableben im Zusammenhang mit der Ferienwoche stand, in der ich auf das Tier aufpasste. Ich meinte es mit Löwenzahn und Karotten besonders gut. Möglicherweise servierte ich auch noch einen Nachtisch und vergaß, das Bonbonpapier zu entfernen. Oder Hoppel dachte sich, so schön werde er es bei Susanne nie wieder haben, und legte sich deshalb für immer zur Ruhe. Jedenfalls fanden wir ihn ausgerechnet an dem Morgen, an dem Susanne ihn wieder abholen sollte, leblos in seinem Stall vor. Entsprechend war das einer der Gründe, warum Haustiere bei uns in der Familie verboten waren.

»Ich habe mir auch immer einen Hund gewünscht

und nie einen bekommen.« Vivi hatte jetzt einen Blick wie ein Hundewelpe aufgesetzt, musterte mich hoffnungsvoll und verkroch sich auf mein kurzes Kopfschütteln beleidigt in ein anderes Zimmer, von wo sie erst zum Essen wieder erschien. Wir hatten zwar genug Platz, ich aber eine Hunde- und Katzenhaarallergie. Gleichzeitig versprach ich, mich auf anderen Wegen für noch mehr Tierwohl einzusetzen. Zum Beispiel deutlich weniger Fleisch zu essen und wenn überhaupt, dann auch nur noch das Tierwohllabel der Kategorie 3 oder 4 zu kaufen. Während wir den Salat verputzten, diskutierten wir über die ganzen Widersprüche unserer Essgewohnheiten. Etwas Schafskäse oder Parmesan war in Ordnung, Schinkenwürfel dagegen tabu.

»Schafe stammen nicht aus Massentierhaltung, sie erhalten unsere Kulturlandschaft in den Alpen oder auf Deichen«, versuchte ich Vivi klarzumachen, um neben den zertifizierten Bio-Orangen, die wir von einer Genossenschaft auf Mallorca auf dem Postweg bezogen, den hohen Obstanteil in unserem Salat künftig auch mit etwas salzigem Käse zu verfeinern.

»Wer Ja zu Milch und Käse sagt, muss dann auch die nutzlosen Kälber und Lämmer verspeisen, für die es nach der Geburt in der Landwirtschaft keine Verwendung gibt«, widersprach sie polemisch.

»Die Zuchtbullen werden schon noch gebraucht«, versuchte ich, die Existenz der männlichen Tiere zu rechtfertigen. Vivi war nicht zu überzeugen. Sie packte mich bei der Ehre und forderte mich indirekt auf, doch tatsächlich mit Holger ein Lamm zu schlachten, damit ich nie mehr anonym und bequem per Fingerzeig an der Theke ein Stück Fleisch auswählen würde, sondern mein Verhältnis mit den Lebewesen ein für alle Mal persönlich geklärt hätte – Auge für Auge, Fuß für Fuß.

Holger hatte mir all das am Morgen noch viel freundlicher erklärt: dass seine Lämmer ja einen schönen Sommer hätten, bevor er sie schlachte – und dann ohnehin schon ziemlich ausgewachsen waren.

»Schon feige von dir, nur das abgepackte Filet anzubraten. Mal sehen, ob du wirklich ein Lamm töten kannst und das viele Blut erträgst«, legte Vivi nach, während sie die Salatreste aus der Schüssel kratzte. Das Wegwerfen von Lebensmitteln fiel uns tatsächlich schwerer, seitdem wir uns selber darum kümmerten und viel mehr Zeit in die Zubereitung steckten. Ich schmeckte jetzt noch viel intensiver den leicht nussigen Geschmack der selbst angebauten Pflanzen. Anders als bei einem labbrigen Salat aus dem Supermarkt, dessen eine Hälfte schon bei der Zubereitung im Komposteimer landete, hatten wir bei unserer Ernte kaum Abfall. Brigitte hatte uns die Pflanzen im Januar überlassen, weil sie im Herbst ihren ganzen Samen verbrauchen musste und ihn willkürlich über dem Hochbeet verteilt hatte. Als Folge war das Beet völlig überwuchert, und sie zeigte uns, wie sie die kleinen, zarten Pflanzen penibel aus dem Beet entfernte und wie wir danach den Überschuss vorsichtig in unsere neuen Beete einzupflanzen hatten. Manche ließen schnell den Kopf hängen, dabei gab ich mir beim Einpflanzen noch deutlich mehr Mühe als bei der Pflege von Hase Hoppel damals. Große Teile aber überlebten den Winter. Seit zwei Wochen gab es also jeden Tag frischen Feldsalat bei uns, wir waren als Selbstversorger auf einem guten Weg. Vivi spürte bereits deutlich mehr Energie im Körper und ging seither regelmäßig auch für eine halbe Stunde durch die Felder spazieren; »zum Feldbaden«, wie sie es nannte. (Im Wald hatte sie Angst, weshalb das japanische Waldbaden für sie nicht infrage kam.) Mir schmeckte es einfach. Wenn ich mich künftig ausgewogen ernähren wollte, würde mir wohl nichts anderes übrig bleiben, als mein erstes Tier zu töten. Hoppel und Beatrix jetzt mal nicht mitgerechnet, aber vielleicht war der Hase auch an Altersschwäche gestorben und der Wellensittich an seinem Tumor.

Wir verbrachten den ganzen Nachmittag damit, kleine Schilder zu schreiben, umzutopfen und Gartenwerk- zeug zu reparieren. Vivi tauschte ein kaputtes Fenster im Gewächshaus gegen ein Holzbrett aus, das sie bei Holger an der Kreissäge passgenau zuschneiden durfte. Er hatte noch Sperrholz von seinem Anhänger übrig und schweißte uns sogar noch ein abgebrochenes Win- keleisen an die Tür, damit wir unsere Schätze künftig besser sichern konnten. Für die meisten unserer jungen Pflanzen war es im Gewächshaus zwar eigentlich noch zu kalt. Brigitte gab uns aber den nützlichen Tipp, bei angesagtem Nachtfrost einfach eine Kerze anzuzünden. Das würde schon ausreichen, damit unsere Salate und Kräuter nicht erfrieren würden. Ich war gespannt, zün- dete den Docht im windgeschützten Glas an, räumte Löffel, Schaufeln und Blumentöpfe auf unserem Pflanz- tisch zur Seite und wischte die Erdkrümel weg.

Holger verlangte als Gegenleistung für seinen Einsatz am Gewächshaus mal wieder Gesellschaft in der *Probierstube*, die ich ihm schlecht absagen konnte, nachdem er mindestens drei Stunden im Einsatz gewesen war. Eine Hand wäscht die andere. Wir machten uns also sauber, entfernten die Reste von Anzuchterde unter unseren Fingernägeln und tauschten unsere lockeren Overalls gegen enge Jeans, graue Sweatshirts und setzten uns blaue Wollmützen auf die noch nassen Haare. Eigentlich wollte ich meinen Kopf erst nach dem Besuch in der Raucherkneipe waschen, im Schuppen und beim Umtopfen hatten wir aber jede Menge Staub und Spinnweben abbekommen. Zu viel Lippenstift und Schminke durften wir keinesfalls auftragen. Schließlich würde uns Heiko sonst den ganzen Abend anbaggern. Sein Jagd-Motto hatte er schon bei der letzten Tour am Tresen verraten.

»Lieber widerlich als wieder nicht.«

Pünktlich um sieben Uhr rollte die silberne Limousine über unseren Kiesweg. Vivi zögerte noch, ob sie mitkommen sollte. Während sie früher keine Party ausgelassen hatte, war sie schon wieder sehr müde vom Tag im Garten und der Kälte und wollte eigentlich nur noch die Füße hochlegen.

»Ist besser für unsere CO_2-Bilanz, wenn alle Plätze im Auto belegt sind«, lockte Heiko sie schließlich doch vom Kamin in seine S-Klasse mit Sitzheizung. In der Mittelkonsole hatte er alles vorbereitet und zauberte vier Dosen gut gekühltes Pils der Marke 5,0 aus dem Versteck.

»Nicht aus dem Fenster werfen, ist Pfand drauf«, erklärte er uns die Spielregeln für die Hinfahrt.

Wer zurückfahren sollte, war zu diesem Zeitpunkt noch offen. Der Fahrer durfte immer entscheiden, was im Autoradio lief. Heiko hatte NDR1 Welle Nord eingestellt mit einem Mix aus Roxette, Bangles und Apache 207.

»Lass uns noch mal aufdrehen«, näselte Udo Lindenberg im Chor dazu, und alle im Auto sangen lautstark mit. Das Eis war mal wieder schnell gebrochen.

Die Nacht würde definitiv etwas kürzer als sonst, machte uns Heiko dann noch auf die Zeitumstellung aufmerksam, weshalb er eigentlich nicht so lange unterwegs sein wollte.

»Wie heißt die Sommerzeit im Norden?«, fragte er und schaute in den Rückspiegel.

Wir zuckten mit den Schultern und schauten uns ratlos an.

»Warmer Regen.«

Bei Corny in der *Probierstube* bestellten wir zur Stärkung alle einen Bauerntoast, den Vivi ohne Schinken nahm. Die erste Runde Korn und Pils gingen für Holgers Einsatz am Gewächshaus auf uns. Danach wurden die Schlachtpläne diskutiert. Unglücklicherweise war Holger nach dem dritten Korn voll auf Vivi fixiert. Sie war für ihn wie eine Dartscheibe, in deren Richtung er hoch konzentriert einen Pfeil nach dem anderen schoss.

Ohne ein schönes Steak vom Grill würden Rinder ganz schnell aussterben, suchte er Argumente für Nutztiere.

»Du holst dir vielleicht eine Katze, aber bestimmt keine Kuh ins Wohnzimmer, um deren Bestände zu sichern, wenn wirklich niemand mehr Fleisch isst«, schob er nach. Unser Wohnzimmer war ja tatsächlich ein umgebauter Kuhstall, für eine Kuh darin aber mit all dem Wohlfühlkrempel wirklich kein Platz. Ich konnte Holger, trotz aller Streitigkeiten über Massentierhaltung, Methangas und Überdüngung der Felder, verstehen. Im Nachbardorf standen die Rinder sogar im Winter auf der Weide und machten zumindest beim Spazierengehen einen glücklichen Eindruck, soweit ich die physische Verfasstheit von Kühen beurteilen kann.

»Aber muss man ihnen deshalb mit einer Kugel den Schädel zertrümmern?«, fragte Vivi die beiden Jäger provokant, die von der stressfreien Tötung auf der Weide schwärmten. Nur dann würde das Fleisch gut schmecken, weil man die Panik der Tiere auf dem Weg zum Schlachthof eben auch im Fleisch nachweisen könne, feuerte Holger ein Argument nach dem anderen ab. Er überlegte sich sogar, ob er mit Heiko nicht einen mobilen Schlachthaus-Service aufziehen sollte.

»Und überhaupt sind Weiden besser als Wälder«, setzte er seinen Schlusspunkt.

Ich war froh.

Beide Seiten hatten sich die letzten paar Minuten nur noch angeschrien, ohne sich wirklich zu verstehen. Ganz links am Tresen Vivi mit ihrer diffusen Sympathie für die Letzte Generation, rechts außen Heiko, der 1. Vorsitzende des Grillvereins Ostholstein.

»Lieber mal einen heben, statt sich festzukleben«, versuchte Holger in der Mitte zu vermitteln und bestellte bei Corny noch mal eine Runde für uns alle. Heiko bekam offensichtlich Bluthochdruck bei Vivis Menüvorschlägen für das geplante Angrillen bei uns auf dem Hof: Seitan-Steak und Grünkern-Frikadellen mit Portulak-Radieschen-Salat und Sesam-Tofu. Der kräftige Kerl bäumte sich am Tresen auf und sah mit seinen angespannten Nackenmuskeln plötzlich aus wie ein Stier, der auf ein rotes Tuch starrte. Vivi hatte gerade eine Spargel-Grillfackel als Alternative für ein T-Bone-Steak ins Spiel gebracht.

Es soll ja Länder geben wie Irland, führte Holger seine subtile Friedensmission fort, die wegen des Klimawandels tatsächlich künftig Kühe keulen wollen. Das ging sogar Vivi zu weit.

Sie bestellte auch noch eine Runde Korn und versprach, in ihrem ersten großen Vivi-Green-Video »Viehzeug« zum Thema zu machen. Nach ihrem Einsatz als Fitfluencerin plante sie nun, mit ihrem eigenen Kanal Karriere zu machen.

»Und denk auch an Ochsenmaulsalat mit Radieschen«, schlug Holger vor. Wer ein Tier schlachte, solle auch wirklich jedes Teil verwerten, so funktioniere die sogenannte »Nose to Tail«-Küche, deren Anhänger er offensichtlich war. Knochenmark gehöre genauso in die Rinderbrühe wie Leber in die Wurst. Zunge, Maul und Backe seien auch kein Müll.

»Wenn ich das Wort Nachhaltigkeit höre, muss ich schon kotzen«, meckerte Heiko über den Verlauf der Diskussion und schloss kategorisch aus, jemanden ernst nehmen zu können, »der noch nie einen Spaten in der Hand gehalten habe«. Aber Holger versuchte weiter zu vermitteln: Beispielsweise müsse man auch keine Schafwolle wegwerfen. Die macht sich im Beet nämlich gut als Wasserspeicher und Dünger, erklärte er uns und bot an, das Thema im übernächsten Video von »Vivi Green« näher zu erläutern.

»Ich hänge im Sommer gerne Schafwoll-Lametta in die Himbeeren«, mischte sich die bis dahin schweigende Brigitte aus der zweiten Reihe in unser Thekengespräch ein.

»Oder du stellst einfach Heiko in deine Rabatte. Sein strenger Geruch schreckt die Tiere bestimmt auch ab«, schlug Holger feixend vor und drehte sich dabei lachend zur Seite, um seinem Kumpel den Arm über die Schulter zu legen.

Heiko lag mit dem Gesicht auf dem Tresen und fand das gar nicht witzig.

»Was los, Dicker, noch ein Korn?«

Heiko schüttelte den Kopf und stützte sich auf seinem kräftigen Arm ab. Der Riese wirkte ehrlich erschüttert.

»Wisst ihr, was mir fehlt?«

»Vielleicht ein goldenes Tomahawk-Steak?«, stichelte Vivi erneut. Wir waren alle schon ziemlich besoffen und spürten vage, wie sich die aufgeheizte Stimmung in der *Probierstube* drehte. Der Korn taute die harten Männer auf.

»Eis!«

»Machst du noch mal fünf Fanta Korn auf Eis«, fragte Holger vorsichtig in Richtung Corny.

»Mir fehlt der Winter«, lallte Holger.

»Wie früher. Mit Schnee und Eis, vor dem ganzen Klima-Scheiß. Schlittenfahren am Bungsberg. Schlittschuhlaufen auf der Koppel.«

Das Wort »Schlittschuhlaufen« schien Heiko auf eine Idee gebracht zu haben. Er wählte »Time of my life« in der Jukebox, forderte Vivi zum Tanz auf und drehte sie durch die *Probierstube* wie Norbert Schramm sich bei den Olympischen Spielen im Eiskunstlaufen. Nach einer Reihe von spektakulären Pirouetten standen alle auf und feuerten die beiden an. Bis zum magischen Moment, dem Höhepunkt des Films. Heiko stand breitbeinig im Saal, schaute Vivi in die Augen und breitete die Arme aus, hob sie hoch über den Kopf und versuchte, die Hebefigur mit ihr nachzubauen.

In dem Moment knickte er etwas um, fing sich wieder, stolperte dabei allerdings über einen leeren Stuhl, stürzte und wurde unter Vivi begraben. Sie tasteten einander vorsichtig am ganzen Körper ab.

»Nix gebrochen?«, erkundigte sich Holger besorgt.

»Ochsenmaul und Ochsenschwanz, alles noch dran. Kein finaler Todesschuss!«

Selbst Heiko konnte nach der verunglückten Tanzeinlage wieder lachen und rief seiner Tanzpartnerin hinterher: »Du blöde Kuh!«

Kapitel 8

BAZILLEN IM BETT

Am Lustholz ist es stockdunkel und mucksmäuschen-
still. Ich versuchte, das Stoffkabel zu ertasten, das neben
meinem Holzbett die Wand entlangführte. Klick, klack.
Kein Erfolg. Manchmal half es, wenn ich an der Glühbir-
ne in der Keramikfassung drehte. Heute nicht, es blieb
dunkel. Unheimlich fand ich es aber nicht. Wir lebten
eben auf einer Baustelle. Mit der Zeit sah es immer
wohnlicher aus. Die Deckenbalken waren abgeschliffen
und geölt, die Küche hatte rustikale Fronten mit Leder-
griffen bekommen und auch das Bücherregal hing stabil
an einem alten Tau und sah eigentlich ganz cool aus,
trotz meiner ersten Bedenken, ob die Bretter nach einem
Tag nicht wieder runterfallen würden wie beim Hochbeet. Apropos *cool*: Gerade morgens, wenn der Kamin
noch nicht angezündet war, war es saukalt. Tagsüber lief
ich in Daunenweste und dickem Wollpulli herum. Das
Outfit fand ich erst spießig, inzwischen aber bequem,
und ich setzte so ein Zeichen, dass ich bereit war, meinen CO_2-Fußabdruck zu reduzieren. Sagte Vivi. Auch die

selbst gestrickten Socken von unserer Nachbarin Brigitte kamen mir anfangs zu öko-mäßig vor, aber sie hielten meine Füße genauso warm wie meine Mütze aus Schurwolle, die ich praktisch nicht mehr abnahm und sogar jetzt, mitten in der Nacht, auf dem Kopf hatte. Schließlich verliert man unheimlich viel Körperwärme über den Kopf. Sagte Brigitte. Ich verlor hier vor allem allmählich den Überblick. Als Nächstes ertastete ich immerhin den Bakelitschalter an einem Holzbalken, drehte ihn einmal, drehte ihn zweimal – aber es blieb dunkel im Schlafzimmer. Ein Blackout war bei uns nicht ungewöhnlich. Auch bei der Stromversorgung haben wir auf nachhaltige Versorgung umgestellt, weshalb wir für die Umbaumaßnahmen am Ende häufig auf die Kabeltrommel von Holger angewiesen waren und mit Atom- oder Kohleenergie unseren Stromausfall kompensierten, worauf uns Holger gerne hinwies, bis unsere eigene Solaranlage uns endlich unabhängig von unserem Nachbarn machen würde. Immerhin war die Stromversorgung so lange gratis, denn Holger hatte bei der letzten Straßensanierung in einer Nacht-und-Nebel-Aktion einfach einen Verteilerkasten illegal angezapft. Dadurch bezog er den Strom für seine Werkstatt gratis von der Gemeinde, weshalb er uns auch seine Akku-Werkzeuge immer vollgeladen überließ.

Vivi wollte auf Dauer auch keinen Atomstrom aus dem Ausland geschenkt bekommen und langfristig sei es günstiger und auch besser, hatte sie während der Arbeit in einem Handwerkerforum recherchiert, wenn wir auf dem Dach gebrauchte Solarmodule installierten.

Die hatten zwar nicht mehr die volle Leistung und waren genau deshalb aus Industrieanlagen oder Solarfeldern bereits ausgemustert worden, dafür aber auch deutlich günstiger bei eBayKleinanzeigen zu bekommen. Genauso lief es mit dem Batteriespeicher im Schuppen. Die Elemente waren ursprünglich für Luxus-Autos von Tesla oder BMW vorgesehen, hatten aber Lackfehler oder andere optische Mängel. Ein Landwirt aus der Region kaufte die Retourware auf und baute daraus Racks, die uns auch im Winter bei wenig Sonne oder nachts mit Strom versorgen sollten, im Sommer dann hoffentlich auch unser Elektroauto. So weit die Theorie. Ich hatte eine Fünf in Physik und kämpfte mit Kerzen und Taschenlampen, die wir für solche Notfälle immer zentral in unserer Wohnküche in der obersten Schublade deponiert hatten, gegen die praktische, real existierende Dunkelheit an.

Nebenbei versorgte ich Vivi mit einem großen Glas Wasser und einer Ibuprofen 400, die auch immer griffbereit neben den Streichhölzern lagen, damit unser Ausflug in die lokale Brennerei keine allzu dramatischen Folgen hatte.

Eine weitere tickende Zeitbombe war unsere Sickergrube im Garten. Kümmel hatte nach den Putzarbeiten noch eine ordentliche Sitzung auf unserer Gästetoilette drangehängt.

»Nich' ma in Ruhe 'n Ei legen kann man hiä!«, zitierte er aus *Werner – Volles Rooäää!!!*. Einer seiner Lieblingsfilme, nach *Werner – Beinhart!* und *Werner – Das muss kesseln!!!*.

Offenbar lief bei uns das Abwasser nicht richtig ab.

Kümmel holte noch mal den Kompressor aus seinem Transporter ins Bad und setzte darauf einen langen Gummischlauch, den er sich bei Holger in der Garage besorgt hatte. Wo auch sonst. Danach sprach er nur noch lispelnd wie Norddeutschlands berühmtester Installateur im Kino – Meister Röhrig.

»Keine Gummipröppel! Keine Chemikalien! Nur reine komprimierte Luft! Mein Beitrag zur Umwelthygiene und Abfallentsorgung.«

Eigentlich zum Heulen, wie lange wir uns schon mit dem Thema Umweltschutz beschäftigten. Der Film kam 1990 ins Kino.

Gut dreißig Jahre später starteten wir bei mittlerweile guter Elektro- und Abwasserinstallation normalerweise mit einer selbst gemachten Bowl oder einem »Local Smoothie« in den Tag. Für die Bowl fehlte uns heute schlicht der Joghurt – aber nicht, weil wir ihn beim letzten Einkauf im Supermarkt vergessen hätten. Die Lieferkette war etwas komplizierter, seitdem wir selber in die Produktion eingestiegen waren. Mal fehlte *Lactobacillus bulgaricus* aus dem Starterkit. Viel wichtiger aber war die richtige Milch, und die zu finden war bei veganen Produkten gar nicht so einfach. Damit unser Joghurt überhaupt cremig wurde und nicht nur eine weiße, bittere Flüssigkeit mit Bröckchen, war die richtige Zutat wie so oft entscheidend. Bis wir das herausgefunden hatten, mussten wir literweise Hafer- und Mandelmilch wegschütten. Inzwischen hatten wir die passenden Hersteller von Kokos- und Sojaprodukten gefunden, und unser selbst gemachter Joghurt war jetzt schön cremig.

Zugegeben, wenn Vivi mich nicht beobachtete, kaufte ich auch gerne heimlich einen großen Topf griechischen Joghurt mit zehn Prozent Fett, löffelte ihn noch im Auto auf dem Parkplatz aus und schmiss den ganzen Plastiktopf samt Alufolie einfach so in die Mülltonne, wie ein Alkoholiker sein Leergut auch nicht im Altglas entsorgte. Danach fuhr ich dann ins Reformhaus und besorgte die Milch, während ich mit Chrissi telefonierte und wir gemeinsam die Vorzüge griechischer Molkereiprodukte priesen. Als ich versuchte, ihr das Konzept veganer Ernährung zu vermitteln, sah sie mich an, als hätte ich ihr vorgeschlagen, auf dem Balkon in Harburg eine Kuh zu halten.

Zu Weihnachten hatten wir von Vivis Eltern einen Makita-Akkuschrauber, den sie stilecht in Schleifpapier eingepackt hatten, bekommen. Von mir gab es eine elektrische Joghurtmaschine, die von der Bedienung wesentlich komfortabler war als das ewige Aufgeschlage veganer Pampe, man brauchte nur eben Strom dafür. Wichtig waren, neben der veganen Ersatzmilch, auch die Joghurtkulturen, die man mit der Zeit immer wieder frisch aus dem Tütchen dazugeben musste, damit der Fermentierungsprozess richtig funktionierte und die Masse am Ende auch nach Joghurt schmeckte. Ich machte das sicherheitshalber bei jeder neuen Charge, weil mir die Zeitangabe »mit der Zeit«, die aus einem Rezept in einem einschlägigen Internetforum stammte, einfach zu vage war. Aber weiter am Frühstückstisch: Zunächst musste die Milch auf unserem mit Holz beheizten Ofen auf Körpertemperatur erwärmt werden, dann rührte ich mit einem Holzlöffel in der Keramikschüssel einen Becher Joghurt aus eigener Produktion darunter und fügte das Bakterien-Pulver hinzu. Anschließend wurde die flüssige, angerührte Masse unter Laborbedingungen in so gut wie keimfreie, recycelte Gläser gegossen, die wir nur noch mit Küchenpapier abdeckten und mit Gummis verschlossen. Dann wurde alles 15 Stunden lang bei gleicher Temperatur warmgehalten, damit sich die Joghurtkulturen vermehren konnten. Die Produktion war so kostbar und – nach diversen Fehlproduktionen – schließlich auch so köstlich, dass wir jedes einzelne Glas auskratzten und die benutzten Schalen ausleckten. Unser Versprechen: Niemals würde ein einziger Joghurt der Marke Lustholz im Kühlschrank verschimmeln oder weggeworfen werden, weil das Mindesthaltbarkeitsdatum aus Nachlässigkeit übersehen wurde. Dafür steckte zu viel Energie in unserem selbst gemachten Lebensmittel.

Vivi musste mir aber auch versprechen, zur Fortpflanzung der Kulturen nie wieder die Bett-Methode anzuwenden. Bei dieser Variante kamen die mit selbst gemachter Joghurtmasse gefüllten Gläser auf ein Tablett, wurden in ein Handtuch eingewickelt und verschwanden samt Wärmflasche unter der Bettdecke. Weil darunter morgens noch ausreichend Restwärme schlummerte, war das Bett die perfekte Brutstätte für den *Lactobacillus bulgaricus*, wenn es nicht zwischendurch zu Erschütterungen kam, weil ich morgens immer die Bettdecken von der Matratze riss und sie dann ganz kräftig ausschüttelte, um das Daunenbett danach wie in einem Viersternehotel frisch aufgelockert mittig auf dem Bett zu platzieren. Als ich das zum letzten Mal machte, ahnte ich leider nichts von Vivis Bett-Methode. Ich schüttelte, es knallte, und am Ende des Tages der Joghurtproduktion, der interessanterweise ein Morgen war, lagen überall Scherben unterm Bett, und ich fragte mich, ob veganer Joghurt für Dielen wohl eher pflegend oder schädlich war. Bis heute wurde ich beim Einschlafen an den Fauxpas erinnert, wenn zwischen den Holzdielen die letzten *Bacilli bulgarici* aufstiegen und mich von einem 500-Gramm-Becher Sahnejoghurt griechischer Art träumen ließen. Aber jetzt fing ein neuer Tag an.

Kapitel 9

DIE SAMEN-DEALER

Bei Brigitte brannte schon Licht, was um die Uhrzeit auch nicht ungewöhnlich war. Sie ist Frühaufsteherin und klapperte kurz nach sechs bereits mit ihren Holzclogs über das Kopfsteinpflaster in den Hühnerstall, was ebenso wenig zu überhören war wie Hanno, der Hahn. Zum Glück war er meistens heiser und störte uns kaum. Dafür hatte er seinen Harem fest im Blick und wurde laut, wenn Fuchs, Habicht oder andere Raubtiere es auf die Hühner abgesehen hatten, was an keine feste Uhrzeit gebunden war. Nachts mussten die Hühner deshalb immer in den Stall. Wenn Brigitte mal unterwegs war, rief sie nervös an, ob die Holztür auch wirklich abgeschlossen sei. Auf dem Gelände Am Lustholz bewohnte sie ja die alte Schmiede. Das Haus aus roten Backsteinen und mit Sprossenfenstern war mit historischen Rosen, Reitgras und Buchsbäumen sehr schön eingewachsen.

Für eine Person war das Haus eigentlich etwas zu groß. Einen Großteil der Wohnfläche nutzte Brigitte deshalb im Winter dafür, um in den unbeheizten Räumen Zwiebeln zu lagern, Einweckgläser zu sortieren oder um Stecklinge zu vermehren. Überall standen Tontöpfe herum, entweder ganz und bepflanzt, oder in Scherben auf Zeitungspapier verteilt, daneben ein Haufen Erde, ein Löffel und eine Gartenschere. Auf den Fensterbänken standen bepflanzte Eierkartons neben einer verzinkten Gießkanne. Platz für einen Partner gäbe es eigentlich noch ausreichend, außer einer Katze lebte aber niemand im Haus. Ob das mal anders war? Ich traute mich nicht zu fragen. Brigitte war zwar freundlich, hilfsbereit und unterhaltsam, jedoch alles andere als redselig. Meistens drehten sich unsere Gespräche um ihre Kräuter, die sie in dieser Jahreszeit mit heißem Wasser aufbrühte und uns in einer antiken Teekanne servierte. Ihre frischen Kräuter schnippelte sie über Salate, das meiste Grünzeug verkaufte sie auf dem Wochenmarkt: von A wie Augentrostkraut bis Z wie Zimt. Sogar ihre Hühner profitierten davon, und so landeten Blätter und Stängel von Oregano, Ringelblume oder Brennnessel im Futter. Genauso selbstverständlich ernährten sich die Hühner auch von Schafgarbe und Löwenzahn, wenn sie im Frühjahr wieder genug Auslauf auf den Wiesen hatten. Ich bildete mir ein, dass man es den Eiern auch vom Geschmack her anmerkte, auch wenn sie eigentlich nicht in den »alles vegan, alles bio, alles selbst gemacht«-Plan passten. Aber bei Eiern hochzufriedener Hühner machte sogar Vivi eine Ausnahme. Überhaupt hing sie bei Brigittes Erzählungen an ihren Lippen und schwor auf deren Kamillentee, auf den sie heute allerdings aus aktuellem Anlass verzichtete. Lieber mixte sie sich einen Drink mit Magnesium und Vitaminen. Die Nacht war kalt und klar, und die frische Luft morgens um kurz nach acht war herrlich, was ein willkommener Kontrast zur verrauchten *Probierstube* war. Ich atmete tief ein und aus und schaute in den leuchtend roten Himmel, der wie gezeichnet aussah. Kein einziger Kondensstreifen von einem Flugzeug war zu sehen. Stattdessen bewegte sich ein V am Himmel, weil zu dieser Jahreszeit viele Wildgänse unterwegs waren, die sich in einer festgelegten Formation fortbewegen. Heute entdeckte ich ganz in der Nähe einen großen Raubvogel, der über dem Lustholz kreiste. Seine Flügel waren groß wie Bretter. Er segelte so tief über die Ziegeldächer unserer Häuser, dass ich vom Innenhof die Augen und den gelben Schnabel erkennen konnte.

»Ein Seeadler, nicht ungewöhnlich hier«, begrüßte mich Brigitte und stellte den Eimer mit Futter ab, um mit den Fingern noch auf ein paar Details im Federkleid hinzuweisen.

»Unser neuer Nachbar ist noch dunkel, also noch nicht so alt. Später bekommt er auch weiße Federn am Schwanz.«

»Und mag er deine Hühner?«, fragte ich neugierig.

»Er heißt ja Seeadler und mag Fisch, genau wie du.«

Brigitte erklärte mir, dass diese Tiere in Europa fast schon ausgestorben waren und seit ein paar Jahren in einem Schutzgebiet im Wald um die Ecke in Ruhe brüten durften, ziemlich erfolgreich sogar. Ruhe, genau das war es ja, was wir hier oben auch suchten.

Holger unterbrach sie mit seinem Akkuschrauber, den er mit durchgestrecktem Arm in Richtung Seeadler in die Luft hielt wie eine Pistole. Dreimal drückte er wie ein Schütze am Schießstand ab, der Elektromotor drehte dabei laut und schrill auf.

Den Vogel interessierte das Geräusch nicht, er verschwand am Horizont, wo ihn keiner störte. Brigitte erzählte noch, dass sich Seeadler für ihre Horste alte, massive Buchen aussuchten, weil ihre Holznester teilweise bis zu 600 Kilo schwer wurden. Wenn also ein Wintersturm über ihr Schutzgebiet am Bungsberg zog, war es nicht ungewöhnlich, dass ein Horst aus der Krone auf den Waldboden krachte.

»Seeadler unterscheiden sich eigentlich kaum vom Landadel oder von hochnäsigen Besuchern aus der Großstadt«, klärte mich Holger etwas herablassend auf. Wie im Landgasthof würden sie gerne Enten, Gänse oder auch mal einen Saibling verspeisen. Brigitte, die sonst selten Holgers Meinung war, pflichtete ihm bei und erzählte, dass der Förster nach einem Wildunfall auf der B202 schon mal ein totgefahrenes Reh auf die nächste Lichtung warf und sich die Seeadler über das Aas freuten.

»Kennst du den Unterschied zwischen einem Adler und einem Löwen?«, wollte Holger wissen. Ich zuckte mit den Schultern.

»Der Adler hat Montag Ruhetag, der Löwe am Mittwoch.«

Der schlechte Witz über die Gasthöfe der Region hätte um Mitternacht in der *Probierstube* vielleicht noch gezündet. Jetzt blieb alles ruhig. Holger holte als Jäger tatsächlich auch Wildvögel vom Himmel. In seinem Wohnzimmer hing beispielsweise ein ausgestopfter Fasan. Vivi nannte ihn häufig als Grund dafür, weshalb sie als Vegetarierin sich auf keinen Fall zu ihm aufs Sofa setzen würde. Während der Brutzeit waren Schüsse im Wald verboten, damit sich die Seeadler nicht erschreckten und ihre Eier allein zurückließen. Auch ein großes Schild am Waldrand hinter den Feldern erinnerte daran: »Brut und Setzzeit, Hunde an die Leine!« *Plus Holger,* hatte ein Unbekannter mit einem wasserfesten Filzstift ergänzt.

»Im Gegensatz zum Seeadler-Pärchen bist du noch auf der Suche nach dem richtigen Vogel, oder?«, versuchte ich auf *Probierstuben*-Niveau, etwas aus ihm herauszulocken, aber Holger wurde plötzlich ganz ernst. Schade. Ich hatte eigentlich gehofft, dass auch Brigitte auf die Frage ansprang.

Die Vögel seien fast vergiftet worden nach dem Krieg, erzählte er mit nachdenklicher Stirn. Das Pflanzenschutzmittel DDT sei damals so eine Art Allzweckwaffe in der Landwirtschaft gewesen. Sogar in Kinderzimmern sollte es Insekten vernichten, im Wald Borkenkäfer bekämpfen. Wissenschaftler wiesen die Rückstände des Gifts schließlich unter anderem in den Eiern der Seeadler nach. Entweder machte es die Schalen brüchig oder vergiftete die Embryos. Lärm und Gift waren ein tödlicher Mix für die Vögel. Aber jetzt beobachteten Ornithologen wieder eine Population Seeadler-Paare ganz bei uns in der Nähe, die sich fortpflanzten und deren Kinder sich in ganz Europa niederlassen würden.

»Ist doch mit dem Glyphosat das Gleiche, wird ewig diskutiert und so lange gespritzt, bis es zu spät ist«, schimpfte Brigitte. Auf die Agrarindustrie war sie – wie Holger – nicht gut zu sprechen. Zu viel Gift, zu wenig Liebe für Pflanzen und Tiere. Brigitte stellte das Prinzip auf den Kopf und verteilte deshalb Pferdemist und Kompost in ihrem Garten. Auch bei besonders hartnäckigen Schädlingen kam sie ohne Chemie aus und mixte stattdessen lieber eine Tinktur mit Oregano oder setzte ein Fass Brennnesselgülle auf. Alles sollte im Gleichgewicht bleiben. Dafür stand sie mit ihrem Garten und auch mit der kleinen Parzelle, die sie im letzten Jahr dazugepachtet hatte, um noch mehr Kohlrabi, Grünkohl, Kürbis, Auberginen und Zucchini anzubauen. Zwischen den Gemüsebeeten blühten im Sommer bunte Blumen wie Dahlien, Malven oder Strohblumen. Das Gemüse war vielleicht auf den ersten Blick nicht so perfekt wie die gewachsten und in Folie abgepackten Produkte im Supermarkt, schmeckte aber einfach viel besser. Selbst Monate nach der Ernte zauberte Brigitte noch eingelegte Tomaten, Zwiebeln oder Rote Bete aus ihren Weckgläsern, die ein ganz intensives, süßes Aroma hatten. Was sie selbst nicht verbrauchen oder verschenken konnte, nahm sie in schwarzen, grünen und gelben Plastikkisten mit auf den Markt, wo sie auch die Kräuter verkaufte. Die Nachfrage auf dem Wochenmarkt in Kiel wurde Jahr für Jahr größer, schon morgens um sieben bildete sich eine lange Schlange an ihrem übersichtlichen Stand. »Kräuterhexe« nannten sie die Kinder.

Der April war die letzte Chance, an neue Samen und somit alte, seltene Gemüsesorten zu kommen. Wir begleiteten Brigitte zur Samenbörse im Gemeindezentrum von Aukrug. Sie hatte ihren Kofferraum bereits beladen und den Wagen gestartet, der nach der sternenklaren Nacht noch eine dünne Eisschicht auf der Frontscheibe hatte. Der Motor ruckelte, es kamen dicke weiße Schwaden aus dem Auspuff. Die Heckklappe ihres weißen VW Jetta war noch genauso weit geöffnet wie die Tür zum Schuppen. Ich schaute in den verstaubten Raum, der zugestellt war mit Rechen, Hacken, Sägen und jeder Menge Kram. In der Mitte des Raumes waren mehrere alte Türen auf Holzböcken abgelegt wie Tischplatten. Darauf lagen unzählige Papiertüten neben getrockneten Kapseln, Bohnen und Zwiebeln. Ich nahm eine Tüte in die Hand und versuchte, die Schreibschrift zu entziffern. *Heilpflanze Kornrade. Aussaat: März bis Ende Mai.* Brigitte griff in ein Glas, nahm eine Handvoll Samen mit vor die Tür, um sie dann auf eine Wiese zu werfen.

»Müsst ihr für die Bienen auch in eurem Bauerngarten pflanzen.«

Die purpurfarbene Blüte der Kornrade soll mit ihrem Nektar angeblich ganz viele Hummeln anlocken. Die brauchten wir, damit auch unsere Pflanzen bestäubt würden, soweit ich Frau Weber im Biologieunterricht verstanden hatte.

»Wir bauen keine Insektenhotels, wir bauen ganze Ferienanlagen!«, rief Vivi euphorisch. Sie ließ keinen Zweifel an ihrem Plan, den Planeten zu retten, aufkommen und wollte sich auf der Samenbörse richtig eindecken.

Auch auf den anderen Tütchen standen viele witzige Namen: Kohlrabi »Superschmelz«, Wirsing »Winterfürst«, sogar Erbsen der Marke »Wunder von Kelvedon«. Zu jeder Sorte konnte Brigitte eine Geschichte erzählen. »Merkt euch vor allem die Termine für den Saatkalender«, gab sie uns als goldene Regel mit. Deshalb hätten viele Besucher der Saatbörse auch einen Schreibblock dabei und machten sich Notizen, bevor Tütchen, Briefumschläge, Joghurtbecher oder alte Marmeladengläser den Besitzer wechselten.

Die Hobbygärtner, die die Börse nutzten und belieferten, waren alle stolz auf ihre Gemüsesorten und hatten diese mit zahlreichen Bildern dokumentiert.

»Ich würde ›Rudi‹ immer einem ›French Breakfast‹ vorziehen«, klärte mich ein älterer Mann auf, der sich auf Radieschen spezialisiert hatte.

»Und was kann ›Rudi‹ für ein Kunststück«, wollte ich wissen.

»Schmeckt einfach gut.«

»Und wonach?«

»Ja, nach Radieschen eben.« »French Breakfast« sei wässriger, im Abgang fader, daher ja der Name.

Ich lernte so viel über die richtige Aussaattemperatur, den korrekten Pflanzabstand und die Saattiefe, dass es mir bald vorkam, als umkreise meinen Kopf ein Bienenschwarm. Auch der Unterschied zwischen geschlechtlicher Vermehrung durch Samen im Gegensatz zu dem durch Absenker (das hatte irgendwas mit der

Wurzel und Teilung zu tun) wurde mir an verschiedenen Tischen vertiefend erklärt. Lernen durch Wiederholung. Besonders gespannt war ich auf meine Tüte mit griechischem Strauch-Basilikum. Ob die Samen auch ohne Fön die richtige Aussaattemperatur bekämen und keimen würden?

Ich kam mir bei den ersten Gesprächen so verloren vor wie an meinem ersten Tag in der Holzabteilung im Baumarkt. Vivi tänzelte von Tisch zu Tisch, als würde sie schon seit Jahren zum Tauschen kommen. Sie drehte die Gläser im Licht und stellte nebenbei interessierte Fragen: Ob mexikanische Sonnenblumen eigentlich auf der Fensterbank vorgezogen werden müssten? Oder wann man die Blätter der Winterheckenzwiebel ernten könne. Wann finge die Aussaat im Freiland an? »Warte mal lieber bis zu den Eisheiligen und stelle so lange noch eine Kerze ins Gewächshaus. Ein Teelicht reicht manchmal schon bei Frost«, gab ihr ein Hobbygärtner als guten Rat zu einer Tüte Paprikasamen mit, den wir auch schon von Brigitte bekommen hatten.

Bei der Heimfahrt vom Samenfestival lief im Radio ein Beitrag über Gentechnik:

Deutsche hätten Angst vor der Genschere und wollten nix davon auf dem Teller.

Dabei könnte die Technik helfen, dass auch Pflanzen von Biobauern vor Schädlingen oder Extremwetter besser geschützt würden. Eigentlich seien eh alle Pflanzen, die wir zu uns nähmen, gentechnisch verändert, erklärte ein Wissenschaftler. Die Gegner fürchteten aber, dass neue Sorten alle gleich schmecken würden. Ich dachte sofort an Radieschen-Rudi und war gespannt, wie mein neuer Samen dieser alten Sorte aufgehen würde. Bei all den Teelichtern, die wir demnächst in Gewächshaus, Schuppen und Scheunen anzuzünden hatten, lohnte schon fast wieder ein Besuch in der Stadt. Also bei IKEA.

Kapitel 10

MIT WASCHNÜSSEN GEKNACKT

Der Zug nach Kiel hatte bereits in Harburg sechs Minuten Verspätung gehabt. In Neumünster waren es schon elf Minuten. Eigentlich hatte ich nur kurz bei Chrissi vorbeischauen und uns nebenbei mit einem kleinen Schwung neuer Baumaterialien versorgen wollen. Und mit ... Kerzen. Dann aber fand Mama sich »grau wie Wolf«, sodass ich ihr noch schnell die Haare tönte und einen Zug später nahm als geplant. Im Zug, der nun endlich einfuhr, schwitzte ich schon: Vivi wartete dringend auf den Fliesenkleber und den dunkelgrauen Fugenmörtel. Sie wollte das Bad fertig verfugen. Nur wenn alles ausgetrocknet und wieder begehbar war, konnte uns Kümmel aus einer weiteren Sch...-Situation befreien. Wir brauchten unbedingt einen neuen Spülkasten, die Eimer-Lösung auf der Toilette war echt nervig. Immerhin hatte Kümmel inzwischen das Abwasserproblem gelöst und eine Damenbinde aus der Sickergrube geangelt, die die Pumpe verstopft hatte. Ich tat zunächst unschuldig und konnte mich nicht wirklich an den Fauxpas erinnern. In der Großstadt war das kein Ding, die Rohre offenbar groß genug und das Problem mit einem Knopfdruck auf der Klospülung auch ziemlich schnell gelöst. Wenn alles gut ging, hatten wir ab morgen also auch wieder fließend Wasser in unserem WC. Im Moment sah es aber so aus, dass ich den Bus verpassen würde und wir weiterhin in die Büsche, auf den Komposthaufen oder eben bei Brigitte aufs Klo gehen mussten. Die Durchsagen des Schaffners konnte ich nicht verstehen. Holstein Kiel hatte ein Heimspiel gehabt, was leider nicht in meiner Bahn-App stand. Zwar kam ich irgendwann trotzdem biergeduscht und noch verschwitzter als anzunehmen gewesen war an, aber Vivi war auf 180 und wir hatten sofort Krach.

»Du bist eben ein altes Waschweib«, rief sie mir noch hinterher, als ich den geordneten Rückzug Richtung Brigitte antrat. Wir hatten die ganze Zeit darüber diskutiert, ob meine Klamotten nach einem Ausflug in die Stadt wirklich schon reif für die Waschmaschine waren (ja!) und wir unsere Betten dann auch gleich frisch beziehen sollten. Für mich war das nach einer Woche gar keine Frage. Wir waren ja viel dreckiger als früher, jetzt, da wir nicht mehr hinter Schreibtischen saßen, sondern in Blumenbeeten. Außerdem mochte ich den frischen Duft im Kopfkissen einfach und saubere Handtücher waren unerlässlich, wenn man den Kopf den ganzen Tag in Spinnweben hatte.

Vivi warf mir vor, ich würde eine Art Zwangsstörung entwickeln, und empfahl mir mehr Yoga oder besser gleich eine Therapie, um mein Verhältnis zu meiner Mutter, der Vergangenheit, dem Waschmittel und den vielen Packungen und Lappen in unserem Hauswirtschaftsraum zu klären.

Ich fühlte mich ungerecht behandelt, denn: Unter der Dusche stand ich das letzte Mal vor fünf Tagen, weshalb ich ihr einen Vogel zeigte, meinen vollgestopften Leinensack mit stinkender und verstaubter Wäsche schulterte und wütend in Richtung Brigitte stapfte. Je häufiger Vivi mich mit meinem angeblichen »Sauberkeitsfimmel« aufzog, umso mehr kam ich meinen Pflichten nach und säuberte alles, was mir in die Finger kam. Durch den Umbau war ich in einer Endlosschleife gefangen zwischen Abschleifen und Aufsaugen, Anpinseln und Wegwischen, Aufbohren und Zuspachteln und Abspachteln. Dabei dachte ich häufig an Chrissi und ihre Tricks, die ich ihr schon als kleines Kind beim Wohnungsputz abgeschaut hatte. Bei Fenstern schwöre ich bis heute auf eine Kombination aus Essig und Zeitung, genauso also, wie es Chrissi und ihre Schwestern und alle Vorfahrinnen, die schon Fenster hatten, gemacht haben. Den Rest meiner Ausbildung als Reinigungskraft hatte ich mir in der Fernsehwerbung bei Klementine abgeschaut. Bei mir wird die Wäsche also bis heute nicht nur sauber, sondern rein. Zu Ostern hatte ich mir fest vorgenommen, die Heißmangel Heller in Lütjenburg zu besuchen. Jedes Wochenende bezog ich die Betten neu, erst recht an Feiertagen. Dabei wollte ich auch auf dem Land keine Abstriche machen. In einem unverändert kalten Haus war ein perfekt gemachtes Bett so ziemlich der einzige Luxus. Aber nur nach der

Heißmangel fühlte sich unsere Bettwäsche so steril an wie in einem Hotelzimmer. Gerne auch noch einen Tick härter. Körnungsgrad grob, spottete Holger neulich über die harten Bretter, die wir ihm als Handtücher zum Duschen hingelegt hatten, nachdem er die alte Wandfarbe im Wohnzimmer von der Wand gesandstrahlt hatte wie mit einem Radiergummi bei Photoshop. Was für eine Sauerei! Zum Glück hatte ich alle Türen staubdicht abgeklebt, sodass sich die Staubwolken tatsächlich auf den alten Stall beschränkten, der jetzt eben unser Wohnzimmer war. Unsere Vorgänger hatten in einer besonderen Wischtechnik mit leuchtender Farbe in Orange versucht, einen Landsitz in der Toskana nachzubauen. Passend dazu hatten sie ein zwei Meter hohes Mosaik neben dem Wohnzimmerschrank auf die Wand geklebt. Wegen ihrer großen Sehnsucht nach Italien hing nun in Ostholstein ein Gondelfahrer aus Venedig und lächelte uns so lange an, bis Vivi das Kunstwerk Stein für Stein mit einem Hammer entfernte. Weil sich anschließend auch bei unserem zweiten Anstrich die Latexfarbe nicht abdecken ließ, musste Holger also mit schwerem Geschütz aus seiner Garage anrücken und die alte Farbe mit einem Kompressor und viel Sand von der Wand pusten. Hinter Farbe und Putz war eine wunderschöne Wand aus alten Ziegelsteinen versteckt, die wir mit einem matten Lack noch etwas aufzuhübschen versuchten. An den übrigen Stellen probierten wir es wieder mit unserem Lehmputz, der im ersten Versuch im Schlafzimmer nach einem Tag leider nur den Boden und nicht die Wand ... schmückte. »Aus Fehlern lernen« war unser Motto auf der Baustelle, wir achteten also besser auf die Mischung aus Sand, Lehm und Stroh und warteten gespannt auf das Ergebnis am nächsten Tag. Diesmal blieb alles an der Wand und sah zwar auch rustikal, aber viel besser als die italienische Variante aus. Ich wischte zunächst den Boden und dabei auch Vivis Kommentare über meinen Waschzwang weg, wusch danach sofort den Dreck aus meinen Haaren und freute mich über die steinharten Handtücher, die auf einem Hocker neben unserer gusseisernen Wanne immer perfekt zusammengefaltet lagen. Ich verzichte ja schon ein Leben lang auf Weichspüler. Weichgespülte Wäsche fühlt sich immer schon so speckig an, als ob sie vorher jemand getragen oder sich bereits damit abgetrocknet hätte. Immerhin waren wir uns in diesem Punkt in unserer WG und auch in der Nachbarschaft einig: Einen Wäschetrockner brauchten wir nicht, weil unsere Sachen sogar im Winter auf der Wäschespinne vom Ostseewind trocken geblasen wurden. Porentief rein. Ich konnte den Sauerstoff im Kopfkissen noch Tage danach riechen und bildete mir ein, dass sich Ende März sogar eine Veilchennote der Luft beigemischt hatte. Neulich roch aber irgendwie alles nach Kotze. Erst machte ich das Öko-Waschmittel dafür verantwortlich, dosierte doppelt so hoch wie erlaubt und scheiterte anschließend auch mit Megaperls und anderen Top-Produkten, die ich in den Postwurfsendungen entdeckte und sofort ausprobierte. Ohne Ergebnis blieb es beim Status quo: Kotzegeruch. Erst beim Öffnen der halb vollen Wäschetrommel merkte ich, wie kalt das Wasser noch war, und holte Heiko zur Inspektion, der sofort den verkalkten Heizstab entfernte und für ein paar Tage in ein Säurebad legte. Vivi hatte die Anzeige mit der Waschmaschine vor nicht allzu langer Zeit im *Reporter*, einer Zeitung mit Kleinanzeigen, entdeckt. Ihre Rechnung war ganz einfach: Was wir durch den Kauf eines ausgemusterten Gerätes in den nächsten Jahren innerhalb unserer CO_2-Bilanz einsparen würden, durfte ich anderweitig verballern, also zum Beispiel weiße Wäsche ausnahmsweise auch mal bei 60 Grad waschen. Unser vermeintliches Schnäppchen von Miele hatte Heiko dann kurz nach unserem Umzug auf seinem Anhänger direkt bis in unseren Hauswirtschaftsraum transportiert und fachgerecht angeschlossen. Mit Dichtungen und Rohrzangen kannte er sich eben auch gut aus. Und dieses Wissen kam jetzt also wieder zur Anwendung; die Waschmaschine blieb bis auf Weiteres außer Betrieb. Bis der Heizstab entkalkt und wieder eingebaut war, durfte ich bei Brigitte mein Waschpulver in die Trommel kippen. Sie selbst verzichtete auf die Industrieprodukte und verwendete lieber ihre Hausmarke. Im Herbst sammelte sie Säcke voller Kastanien und lagerte sie in ihrem Keller.

Ich war skeptisch, öffnete in Brigittes HWR eine Flasche und schnupperte etwas angewidert an der gelben Flüssigkeit. Kastanien enthielten Saponine, klärte mich Brigitte auf – natürliche Tenside, die auch in meinen knalligen Plastikflaschen enthalten seien. Am Ende bilden sie, wie Seifen, in Wasser gelöst einen haltbaren Schaum. Die Natur liefert uns also ein Waschmittel gratis, ohne chemische Zusatzstoffe und Plastikmüll:

»Wenn ihr die Kastanien zerkleinert und mit Wasser

aufkocht, bekommt ihr eine Art Sud, der perfekt für eure Wäsche ist«, führte Brigitte aus.

»Weißt du eigentlich, wie es in einem griechischen Supermarkt riecht oder in einer Drogerie?«, fragte ich Brigitte neugierig und ein bisschen provokant. Wir saßen inzwischen vor der laufenden Trommel, kontrollierten den ersten Waschgang und tranken Kaffee.

»Da bekomme ich Ausschlag«, antwortete Brigitte und zog ihre Schultern hoch.

Ich versuchte ihr zu erklären, warum ich den Chlorgeruch mochte: keine Fettflecken, kein Gestank, alles sauber und chemisch rein. Brigitte hielt mir ihre Tasse Kaffee unter die Nase. Ich sollte riechen, nicht trinken.

»Wäre dir ein Becher Domestos lieber?«

Das vielleicht nicht gerade.

Als ich eine Sechzig-Grad-Wäsche später zurück war, erzählte ich Vivi von den Kastanien. Sie war sofort begeistert und wollte das Gleiche mit ihrer Wäsche ausprobieren. Schon länger hatte sie die Vermutung, allergisch auf Waschpulver zu reagieren und deshalb schlecht zu schlafen. Wir holten uns also aus Brigittes Keller einen Eimer Kastanien, brachten Brigitte gleich mit und setzten uns mit ihr zusammen an einen Tisch. Dort folgten wir Schritt für Schritt ihrer Anleitung und ihren Tipps: Wir legten die Frucht mit der hellen Einkerbung auf die Tischplatte, um die Kastanie leichter schneiden zu können. Ich rutschte trotzdem mit dem Messer ab und verfehlte nur ganz knapp meinen Zeigefinger, wobei das andererseits ein schöner Härtetest gewesen wäre: Geht Blut mit Kastanienwaschmittel raus? Die Frage stellte sich nun nicht, denn mit der Zeit bekam ich Routine, und wir zerkleinerten die Kastanien unfallfrei, legten sie in Wasser ein und stellten die Gläser über Nacht in den Kühlschrank. Den Rest des Tages verbrachten wir damit, den Lehmputz im Wohnzimmer mit weißer Farbe zu streichen. Wir waren frei von Chemikalien, sahen bis zum Abend dafür aber auch aus wie Schweine.

Am nächsten Morgen holten wir die Gläser aus dem Kühlschrank, kochten den Sud auf und gaben drei Esslöffel Soda dazu, wie es uns Brigitte beigebracht hatte. Am Ende ließen wir alles abkühlen, stellten es also über Nacht wieder in den Kühlschrank. Das Ergebnis war erstaunlich. Der Sud hatte eine gelbliche Farbe, roch angenehm frisch, und wir kippten ihn gleich bei Brigitte mit in die Trommel, warteten zwei Stunden, tranken Kaffee und rannten auf den Wäscheplatz. Die Wäsche war tatsächlich sauber geworden. Ich hielt mein feuchtes T-Shirt gegen die Frühlingssonne, suchte es nach Farbresten ab und schnupperte vorsichtig daran. Es roch gut. Ein wenig nach Seife, mit einer leicht holzigen Note. Das würde ich als Alternative zu allem, was ich aus der Werbung kannte und im HWR gestapelt hatte, akzeptieren können. Vivi bekam beim Anblick der Wäsche leuchtende Augen und freute sich über mein mildes Urteil. Sie setzte gleich noch einen Waschgang auf und perfektionierte dabei die Methode, indem sie zu ihrer Bettwäsche noch etwas Lavendelöl für den Waschgang mitgab. Wir mussten das sonnige Frühlingswetter schließlich ausnutzen.

Damit Brigittes Waschmaschine auch weiter was zu tun bekam, kniete ich wenig später schon wieder in den Beeten und saute mich ein. Aber mit gutem Gewissen, das bisschen Erde würden die Waschnüsse bei 40 Grad bestimmt leicht rauskriegen. Ich war überrascht über die Energie, die in der Natur steckte. Ende November hatte ich sehr skeptisch ein paar Zweige von Brigitte in den Boden gesteckt, nachdem sie ihre Himbeersträucher geschnitten und mir ein paar Hölzer davon in die Hand gedrückt hatte. Ich schaute sie ratlos an, bis sie mir erklärte, dass es sich um Triebe handeln würde, die sie bereits über Nacht in Weidenwasser gelegt hatte. Weidenwasser sei ein natürliches Wurzelhormon, das dafür sorgen würde, dass die Pflanzen schneller Wurzeln bildeten. Ich steckte die Zweige einfach in einer feuchten Ecke des Gewächshauses kopfüber in den Boden, wo das Dach ein Loch hatte und es immer etwas reinregnete. Ein paar Monate später hatten sich tatsächlich kleine grüne Blätter und Knospen an den stacheligen Hölzern gebildet. Ein erstes Lebenszeichen. Mir war klar, dass es bis zur Ernte im Herbst noch ein weiter Weg war, bis dahin würde ich aber allen Supermarkt-Angeboten mit Früchten aus Chile in der Plastikschale widerstehen. Ich setzte also meine zarten Pflänzchen in das Beet, das ich vorher umgegraben und vom Unkraut befreit hatte. Von Brigitte hatte ich gelernt, wie ich die Brennnesseln an der Wurzel packen muss, um sie komplett rauszureißen. Schwieriger war es mit der Dornenhecke, die sich an dem für die Himbeere vorgesehenen Platz breitgemacht hatte. Ich musste ein zweites Paar Handschuhe und ei-

nen Spaten zu Hilfe nehmen, um sie in Dornröschen-
schlaf zu versetzen. Dazu stand noch eine Schubkarre
mit einer Mischung aus Kompost und Mist neben mir,
die ich für heute als vorletzte Schicht eingeplant hatte,
und zwar sowohl für mich als auch den Boden: Am Ende,
nachdem ich Mist und Kompost unter die Erde gemischt
hatte, wollte ich noch alles mulchen, also mit Blättern
oder Stroh bedecken, um die Feuchtigkeit im Boden zu
halten. Meine ersten Tage im Garten überhaupt hatte ich
noch mit Musik oder Podcasts im Ohr verbracht. Jetzt
wollte ich nichts mehr hören und fand so meine Ruhe.
Zwischendurch schreckten nur Vivigeräusche mich auf,
und ich musste darüber lachen, wie sie gegen die sogenannte steife Brise versuchte, ihr frisch gewaschenes
Bettzeug auf der Wäschespinne aufzuhängen. Es stand
zwei zu null für den Wind, und wenn sie so weitermach-
te, könnte sie die Wäsche gleich noch mal waschen. Im
dritten Versuch blieb der Bettbezug zwar auch im Rasen
hängen, die Grasspuren waren bis zu meiner Himbeer-
plantage zu erkennen. Vivi stand aber zufrieden davor
und roch demonstrativ an ihren Lavendelbetten. Vielleicht konnte ich mir das demnächst bei Hellers Heißmangel als Duftnote wünschen? Nach einem langen Tag
an der frischen Luft war aber erst mal keine Einschlaf-
hilfe notwendig: Kurz nach neun fielen mir die Augen
zu, und ich war sofort weg.

Kapitel 11

NEBEN DER SPUR

»Uuuh!« Um halb drei wurde ich von einem lauten Stöhnen aus dem Schlaf gerissen. So ein Geräusch hatte ich bei uns im Dorf noch nie gehört. Das tiefe Grunzen kam irgendwo aus der Nachbarschaft. Jetzt, im Frühjahr, schlief ich endlich wieder mit offenem Fenster, obwohl es nachts immer noch Frost gab. Die letzten Tage hatte es sogar wieder etwas geschneit. Ich wälzte mich im Halbschlaf von einer Seite zur anderen, zog die Decke über den Kopf und hörte noch immer ein dumpfes Stöhnen. Ich überlegte kurz, ob es ein lustvolles oder ein eher schmerzhaftes Geräusch war, kroch trotz der Kälte unter der Decke hervor und tastete mich im Dunkeln bis zu meinem stummen Diener. Ich schlüpfte in meine dicken Filzpantoffeln und eine Strickjacke und schaute nach, ob Vivi noch in ihrem Bett lag. Hatte sie vielleicht noch heimlich Besuch bekommen? Ein spontanes Match, von dem sie mir nichts erzählt hatte? Oder nahm sie ein Fitnessvideo in ihrer Kabine auf, bei dem sie sich völlig verausgabte? Das Scharnier der Holztür knarrte, ich steckte meinen Kopf durch die Tür und sah, wie sich Vivi in ihrem pinkfarbenen Pyjama verschlafen zur Seite drehte. Sie lag in ihrer Schlafkammer wie früher der Knecht oder die Magd: völlig erschöpft von der harten körperlichen Arbeit auf dem Hof. Nachdem ich mich von Vivis Wohlbefinden überzeugt hatte, ging ich zurück in mein Zimmer und versuchte wieder einzuschlafen.

»Uuuh«, »Oooh«, waren die Geräusche kurz danach wieder deutlich zu hören. Ich dachte an meine alte Wohnung mit dem Hinterhof und der Studenten-WG, in der spätnachts die Bewohner bei offenem Fenster rammelten, was die gesamte Nachbarschaft kommentierte und teilweise auch elektrisierte. Plötzlich brannte überall Licht in den Schlafzimmern und Bädern. »Senile Bettflucht«, hätte ich früher geschrieben. Das ist allerdings auch wieder so ein Begriff, der wegen seiner diskriminierenden Konnotationen heute nicht mehr verwendet wird. Egal, jedenfalls waren irgendwie alle wach.

In unserer neuen Heimat »Am Lustholz« war nur noch der Name sexy. Wer hier wohnte, war solo. Wie unsere Nachbarn zogen wir uns abends zurück und hielten unseren Winterschlaf. Außer manchmal, Brennereien, Holgers Eskapaden, Landgasthöfe, Kram. Aber im Grunde sagten sich hier Fuchs und Habicht gute Nacht. Tagsüber kümmerten sich die Menschen liebevoll um Fauna und Flora. Vielleicht hatte Brigitte mit einer geheimnisvollen Heilpflanze experimentiert und deren Wirkung unterschätzt? Das war durchaus möglich. Gestern erst hatte sie Vivi wegen ihrer Menstruationsbeschwerden »Mönchspfeffer« verschrieben. Die Heilpflanze soll angeblich auch in den Wechseljahren bei Hitze, schwankender Stimmung und Schlafstörungen helfen. Schon vor Jahrhunderten hatten die Mönche im benachbarten Kloster Cismar mithilfe der nun nach ihnen benannten Kräuter ihre Libido abgeschwächt und somit das Zölibat eingehalten. Oder auch nicht – die Wirkung ist wissenschaftlich nicht geklärt.

Ich warf mir deshalb lieber eine Ibu 400 ein, spülte sie mit einem Schluck Wasser runter und steckte mir zwei Stöpsel in die Ohren. Die Medizin wirkte, und ich schlief durch.

»Hat Holger gestern vielleicht Damenbesuch gehabt«, fragte ich Brigitte leicht verschlafen am nächsten Morgen.

Sie und Vivi standen ausgeschlafen in Brigittes Wohnküche, in der es angenehm süß nach frischen Keksen roch.

»Es ist Frühling, da wacht die Natur eben wieder auf«, kicherte sie hinter vorgehaltener Hand und steckte sich einen Apfelschnitz in den Mund. Der Rest landete in der Müslischale vor ihr.

»Ich habe aber gar kein fremdes Auto auf dem Hof gesehen oder gehört«, hakte ich neugierig nach und schämte mich gleichzeitig, weil ich mir durchaus wie ein Blockwart vorkam. Ich überspielte meine unangenehme Berührtheit und stöhnte laut auf, genauso, wie ich es gehört hatte. Vivi musterte mich irritiert. Sie hatte nichts mitbekommen letzte Nacht. Der Mönchspfeffer hatte sie komplett ausgeknockt. Offenbar beschämt von meiner erbärmlichen Show drehte sie sich weg und erledigte den Job, den Brigitte ihr an diesem Morgen zugedacht hatte: Konzentriert klopfte sie mit einem Nudelholz auf einen Haufen Walnüsse, um die harte Schale zu knacken; die geschälten Nüsse mit ihren wertvollen Omega-3-Fettsäuren, Oxidantien und Ballaststoffen landeten anschließend im Müsli.

»Das laute Stöhnen kam aus dem Wald«, erklärte uns Brigitte und goss uns dabei von ihrem Rosenholztee in die Becher.

»Die Männchen locken damit in der Brunftzeit die Weibchen an. Manche Rehe warnen auch einfach laut und deutlich, beispielsweise vor Raubtieren.«

Holger würde uns bestimmt mal auf die Jagd mitnehmen und uns die Signale aus dem Wald erklären, dachte ich mir und nahm einen Schluck aus der Tasse. Der Tee hatte eine erfrischende Zitrusnote. Die getrockneten Blätter stammten von Brigittes schöner Kartoffel-Rose, die auf einem Feldstein-Wall vor ihrem Haus wuchsen, auf dem wir sie aus dem Fenster immer mal wieder stehen und die Blüten ernten sahen. Aber immer ließ sie auch noch ein paar Hagebutten für die Vögel im Winter im dornigen Gebüsch hängen. Zwar erntete sie auch davon einen Teil selbst und kochte daraus einen süßlichen Brei, den sie uns als Vitamin-Booster manchmal auf einem Vollkornbrötchen zum Kaffee servierte. Aber obwohl Brigitte wirklich alles zu verwerten wusste, achtete sie immer darauf, dass die Natur auch ihren Teil zurückbekam.

»Wenn ihr Lust habt, gehen wir heute zusammen auf

die Pirsch«, überraschte sie uns jetzt. Oha. Diese Aufgabe hatte ich innerlich ja eigentlich eher Holger zugedacht.

»Seit wann tötest du Tiere?«, fragte Vivi verblüfft.

»Ich hab mal wieder Bock«, grinste sie mich über den
Rand ihres Teebechers verschwörerisch an.

Das Missverständnis löste sich schnell auf: Brigitte wollte tanzen gehen. Ganz in der Nähe gab es eine Ferienanlage direkt am Strand, die noch in den 70er-Jahren
gebaut worden sein musste und den Charme einer Plat-
tenbausiedlung hatte. Genau der richtige Ort, um die
großen Veranstaltungen aus England zu kopieren, wo
im Sommer auch Tausende Stadtmenschen in die her-
untergekommenen Strandbäder pilgerten, Pillen und
Dosenbier konsumierten und dann mehrere Tage einen
großen Rave feierten. Der Ostseestrand war perfekt zum
Ausnüchtern, alle Zimmer in der Anlage des Feriendorfs
waren schon Wochen vorher ausgebucht. Beim »Baltic
Soul Weekender« spielten die unterschiedlichsten Bands
live, DJs legten in Räumen mit Discokugeln und Dis-
conebel auf, wo es vormittags erst Frühstücksbuffet und
später Familienyoga gab. Dafür hatte Brigitte extra ein
paar Kekse gebacken, die wir erst kurz vorher probieren
durften. Es wurde ein unerwartet aufregendes Weekend
bei uns auf dem Land.

Aber der Reihe nach:

Nach unserem Müsli-Brunch teilten wir uns die übrig
gebliebenen Leinsamen und Haferflocken mit den Wild-
vögeln der Gegend. Dafür nahmen wir einen großen

Topf, in dem wir einen Klumpen Kokosfett einschmol-
zen, und kippten, neben unseren Frühstücksresten,
noch Sonnenblumenkerne dazu. Während die gut ver-
rührte Masse zum Abkühlen auf die Fensterbank kam,
bereiteten wir ein Stück Kordel vor und machten daraus
Schlaufen mit Knoten, die wir am Ende in unsere selbst
gemachten Meisenknödel drückten, damit wir sie auch
in die Bäume hängen konnten. Brigitte machte über den
Winter insgesamt bestimmt 200 Meisenknödel, erzählte sie uns: Einige seien Mitbringsel, die meisten hingen
aber tatsächlich in den Obstbäumen in ihrem Garten. Im
Gegensatz zur Supermarktware konnten die Vögel ihre
Füße nicht in den Plastiknetzen verheddern, wir sparten
uns außerdem das Plastik und wurden dafür mit einem
einzigartigen Schauspiel belohnt. Rund um die Futter-
station war ein buntes Treiben zu beobachten. Rotkehl-
chen, Sperlinge, Finken, Spatzen. Brigitte erkannte alle
Besucher an ihren bunten Federn. Sogar das Eichhörnchen interessierte sich plötzlich für das Futter im Baum.
Es kletterte vorsichtig über den Stamm auf einen langen
Ast, sprang hinüber und versuchte, auch etwas zu ergattern. Die Vögel wurden nervös, flatterten hoch und
runter, zwitscherten dabei laut und verabredeten sich für
eine Gegenoffensive. Mit einem Schlag stürzten sie sich
auf den Eindringling. Das Eichhörnchen kapitulierte,
flüchtete über die Wiese und kletterte auf eine Tanne. Sogar ein Buntspecht aus dem Wald kam vorbei und knab-
berte an Brigittes Säckchen. Holger war kein Freund von
Vogelfütterungen, was irgendwie klar gewesen war. Die
Körner würden nur die Ratten anziehen und überhaupt

war er der Meinung, dass sich in der Natur die Stärkeren nur dann durchsetzen, wenn sie selbst für ihre Nahrung zu sorgen hatten und nicht in den Genuss einer Mensa kamen.

Härte war auch sein Motto. Statt auf Tees und Kräuter setzte er im Winter auf Eisbaden und stärkte so sein Immunsystem. Deshalb wunderten wir uns auch nicht, als er am Samstag plötzlich im Türrahmen stand und einen 12er-Schraubenschlüssel aus seiner Engelbert-Strauss-Hose zog.

»Habt ihr eure Bikinis am Start?«

Für mich war das Baden im Juni schon problematisch, wenn die Ostsee maximal 20 Grad, dafür aber schon in einer einzigen Bucht mehr Algen als alle japanischen Restaurants auf der ganzen Welt auf ihren Tellern hatte. Und Quallen. Auch noch Feuerquallen.

»Danke, ich vertrage keine Sauna. Kreislauf, verstehst du?«

Genau das sei mein Schwachpunkt, den es zu stärken gelte, analysierte Holger, der sich plötzlich mindestens so leidenschaftlich für seine Kältetherapie ins Zeug legte wie sonst nur Brigitte, wenn es um entzündungshemmende Naturkräuter aus ihrem Garten ging.

Vivi ließ sich auf das Gespräch ein und sah darin eine neue, ihr noch unbekannte und daher »aufregende« Möglichkeit, Adrenalin und Cortisol abzubauen – und damit vielleicht auch ihre Ängste und unerklärlichen Zustände. Immer häufiger verschwand sie in letzter Zeit stundenlang in Online-Diskussionsforen, um dann mit immer neuen Hinweisen, wie ihren Ängsten und dem Schwindel beizukommen sei, aus ihrer Magd-und-Knecht-Kammer zu kommen. Unter dem Stichwort »Eisbaden« bekam sie tatsächlich umgehend Treffer zum Thema Depression, die sich bei ihr eben vor allem in unerklärlichem Schwindel niederschlug, ausgespuckt. Keine Frage, sie würde auch ohne Bikini ins kalte Wasser springen und eine Lungenentzündung in Kauf nehmen, wenn es ihr danach besser ginge. Holger verabredete sich für den nächsten Morgen mit ihr am Selenter See, auf dem vor nicht allzu langer Zeit noch so viel Eis schwamm wie in Vivis Gin Tonic. Ich war skeptisch wegen dieser speziellen Verabredung, zumal Vivi um diese Uhrzeit nach so einem Ausflug eigentlich noch überhaupt nicht nüchtern war, umso mehr freute ich mich darauf, dass wir alle zusammen zum Weekender loszogen.

Wir setzten uns auf die Fahrräder und fuhren wie Teenager durch den Wald zur Ferienanlage. Der Himmel färbte sich rot ein, und die gut genährten Vögel der Umgebung machten ordentlich Lärm. Nicht mal den Habicht störte, dass Brigittes Schutzblech bei jedem Schlagloch oder Hubbel laut klapperte. Holger bremste ab und zeigte auf ein paar Wildgänse, die am Horizont im Licht der Abendsonne verschwanden. Wirklich schön. Der Habicht fiel vom Himmel und verspeiste seine Beute. Wir radelten weiter und bogen auf einem Feldweg in einen stockdunklen Wald. Ich fand es zunächst etwas unheimlich, auch weil wir an einem Haus mit spärlicher Beleuchtung vorbeifuhren, das dem Förster gehörte. Hier, so alleine im Wald, wollte ich bestimmt nicht wohnen.

Nach einer halben Stunde konnten wir aus der Ferne schon laute Musik hören und sahen bunte Lichter unter großen weißen Zeltplanen. Wir stellten unsere Räder an der Strandpromenade ab. Trotz Handschuhen und Mütze waren wir inzwischen sozusagen eisgebadet. Meine Finger waren so steif, dass ich nur mit viel Mühe alle vier Räder an den Ständer ketten konnte. Heiko war mit der Begründung, eine Radtour zu einer Hippie-Party sei alles andere als Spaß, zu Hause geblieben. Seine Abwesenheit machte sich bei Holger positiv bemerkbar. Vielleicht lag es auch an der Kälte, aber er hatte alle Chauvi-Witze vergessen und grinste einfach die ganze Zeit selig, ohne etwas zu sagen. Umso mehr quatschten Vivi und Brigitte.

Wir stellten uns in die Schlange am Eingang und musterten die Gäste. Vor uns stand ein 60-Jähriger mit einem Titleist-Basecap und Adidas-Sneakern mit Papageienmuster. Neben ihm wartete ein Typ mit Federhut, Lederstiefeln und einem alten oder jedenfalls grauen Kaugummi im Mund. Jeder von ihnen wirkte, als hätte er schon drei Agenturen versenkt. An den Autokennzeichen konnten wir sehen, dass ein Großteil der Gäste aus Hamburg angereist war; neben uns standen aber auch echte Locals, die Holger als Kinder von Nachbarn von Schulfreunden identifiziert hatte. Die Gruppe war vielleicht Anfang zwanzig und ganz schön dicht. Trotz der knappen Temperaturen trug eine von ihnen Hotpants aus Jeansstoff. (Auch darin sah ich eine Parallele zu vergleichbaren Veranstaltungen in England.) Nur so war ihr Tattoo auf der Rückseite ihrer Oberschenkel auch gut zu sehen. Sie hatte links und rechts den gleichen Schriftzug. MOIN MOIN. Ihre dunklen Haare waren zu einem Zopf zusammengebunden, und sie lachte süß. Wir unterhielten uns kurz, welche DJs und Künstler wann auftreten würden, und dabei stellte sich heraus, dass sie auch einen guten Musikgeschmack hatte. Ihr Freund und seine Clique waren schon etwas drüber, obwohl die Party ja noch nicht mal angefangen hatte. Aber sie hatten eine ebenso gute Erklärung für ihren Zustand, da ihr Vorprogramm lustig gewesen sein musste: Hansapark, Cola-Korn, Achterbahn. Brigitte drückte das Mädchen fest, gab ihr noch einen ihrer Kekse, flüsterte ihr etwas ins Ohr und verabschiedete sich. So überschwänglich hatte ich sie noch nie erlebt. Wir liefen weiter in ein großes Zelt und stellten uns direkt in die Bierschlange. Auf der Bühne begleitete eine Reggae-Band einen DJ, der über allen wie ein Dirigent thronte. Ich lehnte mich mit Holger an den Tresen, während Vivi und Brigitte sofort von der tanzenden Menge verschluckt wurden. Kaltstart, ohne Vorglühen. Ab und zu sahen wir noch ihre Haare fliegen oder ihre Hände kreisen. Hier waren alle von Beginn an locker (soweit man das von Norddeutschen eben sagen kann) und brauchten nicht so lange wie in der Großstadt, wo der angesagteste DJ frühestens um 3 Uhr sein Set spielte, wenn schon alle drüber waren. Mein Plan, auch heute vor Mitternacht fest zu schlafen, könnte aufgehen. Obwohl wir aus waren! Nüchtern betrachtet waren wir in einer Art Disneyland. Viel Plastik an den Wänden, sogar die alte Steinmauer sollte so aussehen, als ob hier mal eine Burg gestanden hatte. Darauf klebten Flyer für alle hier möglichen Freizeitaktivitäten. Holger brauchte das alles nicht, sein Work-out war die Arbeit. Spaten und Axt statt Kurzhantel. Für sein Alter waren sein Bizeps und vor allem die Energie, die in ihm steckte, erstaunlich. Im hellen Licht auf den Gängen waren seine Falten und sein lichtes Haar deutlich zu sehen, und trotzdem wirkte er dabei wie ein günstig gealterter Surfer. Er verbrachte ja auch den ganzen Tag in der Sonne. Jetzt saßen wir an einem Tresen und taten so, als ob wir Gin Tonic tranken, dabei hatten wir nur Wasser mit Zitrone und Eis bestellt. Ich war ganz klar im Kopf und beobachtete einfach die anderen Gäste, die sich für dieses Wochenende verkleidet hatten. Die Namen der Bands hörte ich das erste Mal, aber sie waren schon Jahrzehnte unterwegs. Unsere jungen Freunde aus dem Hansa-Park hatten eine Funk-Band für sich entdeckt, und ein schlaksiger Korntrinker war noch so gut auf den Beinen, dass er seine Freundin Huckepack nehmen konnte, damit sie auch vom Bierstand aus die Bühne sehen konnte. Dabei hielt sie in der linken Hand einen Plastikbecher, mit rechts filmte sie alles. Und beim Refrain gingen dann beide Hände in Richtung Zeltkuppel:

»Und immer wenn der Mond scheint, dann ist Showtime. Dann ist Showtime.«

Vivi und Brigitte hatten auch wieder zu uns gefunden, sie waren inzwischen zu viert. Für Small Talk und Unterhaltungen war es zu laut. Rex und Roman konnten gerade mal ihre Namen sagen, alles andere war unverständlich. Die Kommunikation verlief nonverbal. Unter ihrer Handfläche versteckten sie einen Joint, den sie uns allen anboten. Ich lehnte mit einem netten Grinsen ab und zeigte auf meinen Plastikbecher. Die beiden hatten sich für Bier, Gras und das Wochenendticket entschieden. Roman humpelte etwas, weil er sich den Fuß beim Kicken am Strand verdreht hatte. Holger winkte alle 30 Minuten zur Bedienung und bestellte neue Drinks, was die Kommunikation seinerseits zunehmend schwieriger gestaltete. Vivi hatte Rex im Arm und hing mit ihrem Ohr an seinem Mund. Er machte irgendetwas mit Film und Video, und sie kannte ihn von der Produktionsfirma, die sie für den Fitness-Quatsch begeistert hatte. Ihr Dialog bestand im Grunde nur aus einem Wort: »Mega«.

Nach der letzten Zugabe standen wir an einem Bistrotisch und überlegten, wo genau es in die Verlängerung gehen sollte. Holger und ich waren für die Radtour nach Hause, Vivi und Brigitte überredeten uns noch zu einer Weinprobe auf dem Zimmer von Rex und Roman. Das Appartement sah schlimmer aus als befürchtet. Auf den Kiefernmöbeln lagen Trainingsjacken und feuchte Handtücher. Bierflaschen, Zigarettenpapiere und ein Aschenbecher lagen auf einem verklebten Glastisch. Und dort baute Rex jetzt mehrere Linien auf.

»Rhein, Nahe oder Mosel?«, fragte er und schaute uns verschmitzt an, als ob wir im Kreuzworträtsel überraschend eine Flusskreuzfahrt gewonnen hätten. Aus ihrer Bluetooth-Box lief Musik von The Smiths, und genau so, wie sich deren Sänger bei Fleisch zurückhielt, ließ ich auch jetzt wieder meine Finger von allem, was härter war als Selters. Rex öffnete den Kühlschrank.

»Bierchen?«

»Dosenbier, ich glaub, es hackt!«

Vivi war außer sich und zählte Rex an.

»Ich dachte, ihr macht so Filme zum Klimawandel, und dann so ein Dreck. Fuck off!«

Danach erklärte der angeklagte Umweltsünder in epischer Breite, warum kleine, regionale Brauereien pleitegingen. Die Supermarktketten würden die Bierkisten nämlich lieber schreddern, statt sie zurückzuschicken. Und sowieso sei das mit dem Biertrinken und den Dosen eben Geschmacksache. Er lehnte sich zurück in seinen dänischen Sessel, riss die Dose auf, nahm einen ordentlichen Schluck »Hazy Jane« und las uns das Etikett vor: mit saftigen Noten von Ananas, Mango, Steinobst und einem Hauch Mandarine.

Vom Typ her war das genau Vivis Geschmack. Nicht das IPA-Bier, sondern Rex. Dunkle, volle Haare, muskulös und ein Hauch von George Clooney in versoffen.

Roman erzählte, warum er und Rex unbedingt einen Trip mit ihren alten Vespa-Rollern machen wollten. Mopeds für Kinder, spottete Holger.

Und irgendwann lief das Männergeschwafel, die sanitätshausgesättigte Variante eines Jungsgesprächs, dann völlig aus dem Ruder.

»Wählst du AfD?«, musste Holger sich anhören.

Er sprang von seinem Stuhl auf und packte Roman so fest an der Gurgel, dass er Mühe hatte, seine Ananas-Bierdose festzuhalten. »Du Stadtaffe!«

Brigitte ging dazwischen und machte ein Peace-Zeichen: »Das mit dem Mord überlasst ihr bitte mir.«

Holger und ich verzichteten auf Friedensgespräche und entschieden uns für die Heimfahrt. Der Mond war hinter einer dunstigen Schicht kaum zu erkennen. Der Seenebel hatte sich bereits in Raureif verwandelt. Obwohl es im Wald bergauf ging, bremste Holger plötzlich so scharf ab, dass ich ihm fast hinten reinfuhr. Er klappte seinen Seitenständer aus und lief mit seiner Handytaschenlampe den Waldweg ab. An einer matschigen Stelle blieb er stehen und ging auf die Knie. Die Spuren inspizierte er von ganz Nahem, drückte seinen Finger in den Boden und kramte danach eine Packung Taschentücher aus der Jacke. Das scheint jetzt so ein Jäger-Ding zu werden, dachte ich mir, und tatsächlich nahm er eine Probe vom Weg und zeigte mir stolz den Beutel.

»Und?«

»Scheiße!«

»Ja, richtig scheiße, die hat nämlich Haare.«

Ich hatte keine Ahnung, was das zu bedeuten hatte. Holger wollte es mir aus Sicherheitsgründen erst am nächsten Tag erklären, was er da genau in eine durchsichtige Plastiktüte gepackt hatte.

»Ansonsten schläfst du heute nicht so gut«, grinste er.

Ich musste an das Geschrei der letzten Nacht denken und war froh, dass wir gleich zu Hause waren.

Kapitel 12

SCHWEINEREI

Es klopfte an der Haustür. Ein kräftiges, lautes Klopfen. Das konnte eigentlich nur Holger sein. Oder die Polizei. Wir hatten an unserer Holztür einen alten, massiven Klopfer aus Messing. Um überhaupt bis zur Tür zu gelangen, musste man ein Scheunentor öffnen, um in den Vorraum zu kommen. Früher konnte hier das Futter für die Tiere eingelagert werden – vom Heuwagen direkt unters Dach. Das ursprüngliche Bauernhaus war im Jahr 1876 erbaut und 1920 das erste Mal fotografiert worden. Zum Einzug hatten wir eine alte Dorfchronik geschenkt bekommen und so überhaupt einen Eindruck erhalten, wer hier früher wie gelebt hatte. Auf den Bildern in der Chronik stand vor unseren Schlafzimmern ein Tisch mit Decke auf einem Weg, der heute eher Beet ist. Eine Frau mit Kopftuch und weißer Schürze hielt ein Tablett in der Hand und bedient die Gäste. Aus dem offenen Fenster heraus wurden Getränke für die Dorfbewohner verkauft, genau wie im Kiosk meiner Eltern damals in Harburg. Kein Wunder, dass ich mich hier wohlfühlte. Auf dem

Foto war auch zu erkennen, dass an der Hauswand Landarbeiter in ihrer schwarzen Arbeitskleidung und mit Hüten lehnten und sich unterhielten. Ein gemütlicher Treffpunkt nach der Arbeit? Daneben parkte eine Pferdekutsche vor dem Torbogen. Heute standen hinter dem großen Scheunentor unsere Kisten mit Mineralwasser, außerdem Gummistiefel und jede Menge gespaltenes Brennholz. Vivi hatte bei Brigitte im Schuppen eine alte, verrostete Milchkanne gefunden und sie als Blumenvase für getrocknete Kräuter und Äste verwendet.

»Einen Moment«, rief ich und sprang nach dem zweiten Klopfen in meinen Jumpsuit. Ich machte mir noch schnell einen Zopf und streckte meinen verschlafenen Kopf aus der Tür.

»Viertelstunde?«

»Okay«, willigte ich ein. Holger hatte mir einen Becher Kaffee vorbeigebracht und verschwand direkt wieder. Er kannte mich und meine Vorlieben mit der Zeit immer besser. Ich brauchte morgens meine Ruhe und saß gerne allein am Küchentisch bei meinem ersten Kaffee, mit etwas Milch, ohne Zucker – und ohne Holger. Ohne Feuer war es sehr kühl in unserer Wohnküche, ich trug eine Daunenweste über meinem grauen Wollpulli und meinem Jumpsuit und dazu noch eine Wollmütze. Bei fünf Grad Luft- und Wassertemperatur fand ich es ziemlich albern, mein buntes Badehandtuch überhaupt einzupacken, aber ich hatte es Holger versprochen, nachdem Vivis Ausfall in Sachen Eisbaden allzu offensichtlich geworden war (Rex!). Zumindest bis zum Knie wollte ich es probieren: das Eisbaden. Alles für eine bessere Gesundheit. Bei Vivi stand die Tür offen, ihr Bett war leer.

Holger saß bereits auf seinem alten moosgrünen Rixe-Damenrad und wartete auf mich. Die Chrom-Teile waren alle schön poliert, nur auf seiner Klingel war etwas Rost, weil irgendjemand das Rad bei einer Panne einfach auf den Kopf gestellt hatte, um den Platten zu flicken. Dabei war die alte Klingel dann zerkratzt worden, aber immerhin ein Original. Das war Holger enorm wichtig. Auch das Schutzblech hinten war seit der Werksauslieferung unverändert geblieben und deshalb perforiert. Früher war in den vielen Löchern ein Gumminetz befestigt gewesen, damit sich die Radfahrerinnen nicht mit ihrem Rock in den Speichen verhedderten. Holger liebte den schweren, robusten Stahlrahmen, der sehr gut verarbeitet war, und er behauptete, die alten Lager seien nach 50 Jahren erst richtig eingerollt und deshalb so schnell. Zum Beweis nahm er auf dem ersten Streckenabschnitt mit Gefälle die Füße von den Pedalen, senkte dabei den Kopf wie ein Rennfahrer bei der Tour de France und legte sich mit dem Damenrad ohne zu bremsen in die Kurve. Ich holte ihn erst an der übernächsten Kurve vor einer Steigung wieder ein, wo er seinen Fuß auf einer Sitzbank abgestellt hatte und mich glücklich anstrahlte wie ein Kind, das sein erstes Rennen gewonnen hatte.

»Hier riecht's nach Kuhkacke«, beschwerte ich mich bei meinem Reiseleiter.

Holger kletterte über ein Gitter und zeigte mir einen Kuhfladen zwischen dem satten Gras.

»Riech mal«, forderte er mich auf und vertrieb die Mücken, deren Flügel in der Sonne glänzten, während sie sich von der Kuhscheiße nährten.

Ich rümpfte die Nase. Der Haufen war nicht mehr ganz frisch und roch tatsächlich etwas säuerlich nach Erde und Gras, viel weniger nach Kuhkacke, als mir meine noch immer müden Synapsen zunächst vermittelt hatten. Es war noch kalt, und die Wiesen waren in den schattigen Mulden mit Reif überzogen. Die Sonne hatte allerdings schon viel mehr Energie als noch vor einigen Wochen und wärmte unsere roten Gesichter etwas auf. Es fühlte sich gut an auf der Haut. Mit der nächsten Brise kam wieder der typische Geruch von frisch gedüngten Feldern zu uns rüber geweht. Holger erklärte mir, warum die Jauche aus dem Düngewagen so faulig roch, was ich an dieser Stelle aber unmöglich wiedergeben kann – vergessen.

»Wenn Kacke und Pisse sich mischen, ist das also gut für das Wachstum der Pflanzen«, fasste ich seinen landwirtschaftlichen Vortrag zusammen.

Im Prinzip gab er mir recht. Leider würde aber ein Großteil der Stickstoffe von den Feldern mit dem nächsten Regen in die Ostsee fließen. Auch dort sorgte die stinkende Brühe dann für viel Wachstum – und im Sommer für Algenblüte. Die Natur sah zwar auf den ersten Blick so friedlich und schön aus, das System war aber mindestens so kompliziert wie eine moderne Beziehung in Hamburg-Eimsbüttel. Jeder Eingriff in das Gleichgewicht konnte schlagartig alles verändern.

»Apropos Kacke, was hat deine Stuhlprobe eigentlich ergeben?«

Holger war ratlos und überlegte, was das jetzt schon wieder für eine komische Frage war.

»Der Kot und die Spuren im Wald auf dem Heimweg?«, half ich ein wenig nach.

»Wir haben Wölfe hier, deshalb die Haare«, sagte Holger nicht übermäßig beunruhigt und winkte einem Bekannten zu, der am Horizont mit einer Moto-Cross-Maschine über eine Weide fuhr. Er trieb viele Holstein-Kühe vor sich her, große, kräftige Tiere mit schwarzen Flecken auf weißem Fell. Der Bauer versuchte vergeblich, seine Herde von der Wiese in ein Gatter zu bewegen. Obwohl die Tiere sehr muskulös waren, humpelten viele über die Wiese, als hätten sie einen Hüftschaden. Vielleicht war es auch gar nicht so einfach, mit einem riesigen Euter zwischen den Beinen zu laufen. Ich kannte ähnliche Beschwerden über Rückenschmerzen, weshalb sich Freundinnen von mir ihre großen Brüste hatten verkleinern lassen. Das Letzte, was man da wollte, war ein Macker auf einem Motorrad, lenkte ich mich mit Gedanken an Kühe vom bösen Wolf ab.

Wir radelten weiter, und Holger erzählte, dass sich der Milchhof von seinem Bekannten kaum noch rechne, das Kraftfutter sei zu teuer geworden. Die 200 Kühe würden überwiegend im Stall stehen, und ihre Aufgabe sei es, jeden Tag über 25 Liter Milch zu produzieren, an guten Tagen auch das Doppelte. Aber Kühe produzieren eben nicht nur Milch, sondern auch Methan (davon fange ich hier lieber gar nicht erst an) und Gülle, Gülle wiederum im Grunde Algen. Verkleinern kann nicht nur bei Brüsten helfen, wieder in den Flow zu kommen. Wir hatten unseren Milchverbrauch deshalb schon reduziert. Ich mochte tatsächlich den etwas nussigen Geschmack von Hafermilch, die Vivi jetzt immer für uns kaufte. Umso besser, wenn das am Ende auch gut für die Ostsee war.

»Schau mal, die hier haben richtig Kraft«, sagte Holger und zeigte auf ein paar zottelige Kühe mit riesigen Hörnern. Die Galloway-Rinder würden – anders als die Milchkühe – das ganze Jahr draußen weiden und auf salzigen Böden grasen. Tatsächlich waren sie viel beweglicher, wenn sie sich mit ihren Hörnern duellierten und dabei auch mal in die Luft sprangen. Sie erinnerten mich an Feldhasen (frühkindliche Prägung, Sie erinnern sich bestimmt noch an Hoppel, das Kaninchen meiner Jugend), wenn sie sich mit den Hinterbeinen abdrückten, dabei brachten sie bestimmt über 500 Kilo auf die Waage.

»Wer ihr Fleisch isst, der ist auch Klimaaktivist.«

So langsam wurde es komplizierter als eine Beziehung in einer Altbau-WG.

Ich dachte immer, Rindfleisch sei schlecht in der Klimabilanz. Und das nicht nur wegen der Blähungen und den Methangasen, die dabei freigesetzt werden (davon wollte ich doch eigentlich gar nicht anfangen). Holger widersprach mir. Hühnerfleisch und Schweine aus dem Stall seien das große Übel. Weideflächen seien dagegen wichtige CO_2-Speicher. Eigentlich dürften deshalb auch nur Tiere von der Weide auf den Tisch, erklärte er mir. Rinderbraten oder Lammkeule beispielsweise. Vivi hatte mir das neulich bei einer Portion Kichererbsen ohne Fleischbeilage noch ganz anders erklärt. Holger aber setzte wieder auf das Zusammenspiel der Natur. Die Hälfte unserer Tiere und Pflanzen sind abhängig von den Blüten auf den Weiden, dozierte er auf dem Rad. Also am Ende auch: angewiesen auf den Kuhfladen.

Warum bauen wir also Mais an, fragte er mich, wenn die Körner im Futter landen und das Grünzeug für Biogas verheizt werde: »Was ist daran bio?«

Plötzlich nahm ich jede Blüte auf den Wiesen und Feldern viel intensiver wahr: Winterling, Huflattich, Löwenzahn oder Hahnenfuß. Früher waren das für mich nur »gelbe Blumen«, heute erkannte ich sie an ihren Blättern und freute mich auch über jedes Unkraut, was wieder anfing, neben den Wegen zu blühen. Ich hätte noch ein ganzes Stück weiterfahren können, aber Holger stellte sein Rad direkt an einem bunten Holzhaus ab. In einer Lichtung am Ende des Waldweges war ein kleines Badeparadies mit großer Wiese und Sandstrand versteckt. Die Bucht war größtenteils mit Schilf zugewachsen, am Ufer standen alte Buchen und Eichen, die die Badegäste vor Wind und Sonne schützten. So früh am Tag (und ehrlich gesagt wahrscheinlich auch: so früh im Jahr) war noch kein Mensch außer uns zu sehen. Ich lief das Gelände ab und fand Holger wieder, wie er sich mit einer Hand an einer Holzwand abstützte und dabei auf einem Bein stehend seine Unterhose auszog. Für einen kurzen Moment war er splitternackt, drehte sich aber sofort um und verschwand im Eiswürfelwasser. Er drückte sich kräftig wie ein Galloway-Rind von den Holzbohlen ab. Es spritzte zwar kaum, trotzdem scheuchte er vier, fünf Blesshühner auf, die sich im Schilf zurückgezogen hatten.

Das Schwimmen tat ihm sichtlich gut. Sein Rücken war kräftig und sah aus wie ein V. Auf seinen Schulterblättern war eine große Narbe, die in ein Tattoo auf dem Schulterblatt überging. Die Bedeutung war aus der Ferne nicht zu erkennen.

»Sorry, aber ich gehe nicht mal im Hochsommer kalt duschen«, wimmelte ich ihn ab, als er mir mit einer Herrlich-hier-drinnen-Geste bedeutete, ihm ins Wasser zu folgen.

Holger zuckte mit den Schultern und machte eine Art Kopfsprung. Weg war er.

Ich wartete zwanzig Sekunden ab. Nix passierte.

»Ab wie viel Grad treiben Wasserleichen eigentlich wieder an die Oberfläche?«, fragte ich mich leicht besorgt. In dem Moment tauchte Holger mit einem Urschrei auf und kreiste wild mit seinen Armen. Danach drehte er sich auf den Rücken und strampelte mit der Energie eines Mississippi-Dampfers zurück zur Leiter und zog sich aus dem eiskalten Wasser.

Laut schnaufend trocknete er sich ab und tanzte dabei von einem auf das andere Bein. Seine Haut war gerötet, das Wasser in seinen Haaren tropfte auf das Holz.

Ich bot ihm mein buntes Badehandtuch an und vertröstete ihn, im Sommer an meiner Kopfsprungtechnik zu arbeiten. Ich musste mich erst langsam an den Norden gewöhnen. Heute kostete es mich schon viel Überwindung, meine Finger überhaupt in das Wasser zu halten.

Holger rubbelte sich die Haare trocken, atmete in das Handtuch und schaute mich auch weiterhin auffordernd an. Ich erinnerte mich an das Versprechen, das ich ihm gegeben hatte; zog ganz langsam meine Socken aus und krempelte die Jeans hoch. Was für eine Kackidee, dachte ich mir, als ich über die eiskalte Wiese zum Sandstrand lief.

»Mehr packe ich nicht«, gab ich mich nach zehn Sekunden Fußbad geschlagen wie eine Zimperliese.

Holger schaute mich mit ernstem Blick an und fragte besorgt, ob alles gut sei. Ich bejahte diese Frage und fragte, wieso.

»Weil du blau bist! Jeansblau. So was habe ich noch nie gesehen.«

»Eisbaden mag ja für dich gesund sein. Für mich ist es offensichtlich kurz vor tödlich«, antwortete ich frostig.

Auf dem Rückweg ging mir allmählich die Puste aus. Mein Körper kam langsam an seine Grenzen: Erst die Kneippkur am See, jetzt auch noch bergauf. Statt zu reden, konzentrierte ich mich auf die Atmung. Wir waren fast angekommen, als Holger plötzlich sein Rad ein paar Meter vor mir in einen Graben legte und schnell die Wiese herunterlief. Als er wiederkam, hatte er ein totes Schaf auf seinem Rücken. Das weiße Fell war blutüberströmt, Holger sah ein wenig aus wie in einem schlechten Horrorfilm und erklärte mir außer Atem, dass heute schon Schlachttag sei.

Anders als geplant, denn Holgers Lämmer sollten ja eigentlich noch einen Sommer vor sich haben. Die Natur war wegen des bösen Wolfes aus dem Gleichgewicht geraten.

Kapitel 13

CABANOSSI–ENTZUG

Meine Griechischer-Joghurt-auf-dem-Parkplatz-des-Su-
permarktes-der-absolut-kein-Bioladen-war-Exzesse wurden immer seltener; ich hatte unsere vegane Ersatz-
produktion mittlerweile sehr zu schätzen gelernt. Eine
Sucht aber trieb mich immer wieder dorthin zurück:
Ich esse für mein Leben gerne Cabanossi. Diesen Satz
würde ich mich nie trauen, in Vivis Gegenwart zu sagen.
Sie ist nur von dem Gedanken daran angewidert, denn
»Du weißt schon, was da alles drin ist?«, hörte ich sie
zu jeder Wurstverzehrgelegenheit, zu der ich mit nicht
veganen Produkten flirtete (Dorffest, Lagerfeuer, Dom,
so was), rhetorisch fragen. Ja, weiß ich. Will ich aber eigentlich gar nicht wissen. Und jaaaaaaaaaaaaa, allein das
auszusprechen, zeigte ja, wie einfach ich es mir machte
und wie gut ich offensichtlich darin war, die unliebsame
Massentierhaltung und -schlachtungs-Realität zu verdrängen. Cabanossi bestehen aus Rind- und Schweine-
fleisch sowie Speck. Der Fettanteil dieser Wurst liegt bei
44 Prozent und ist damit relativ hoch. Die länglichen,

dünnen Würste werden mit Paprikapulver, Pfeffer, Salz und Knoblauch gewürzt. Ein Traum – zumindest für meinen Geschmack. Je strenger Vivi war (inzwischen besorgte sie sogar vegane WC-Reiniger), umso größer war der Wunsch, genau das zu machen beziehungsweise zu essen, was sie nicht in Ordnung fand. »Iss bitte keine Cabanossi mehr« führte dazu, dass ich vortäuschte, unbedingt einkaufen gehen zu müssen, nur damit ich mir heimlich auf dem Supermarkt-Parkplatz ein paar dieser Würste reinziehen konnte. Aber auch das ging im Grunde nicht mehr unbemerkt, denn Vivis Nase war sehr fein geworden, seitdem sie kein Fleisch mehr aß. Beim Einsortieren der eingekauften Lebensmittel, die sie in Ordnung fand, stand sie neben mir und entlarvte mich. Salamiatem, Augenrollen, Luftholen und ...: Der anschließende Vortrag verdarb mir den Appetit nachhaltig, weshalb ich ihn an dieser Stelle auch nicht wiederhole. Aber ich wusste: Nach spätestens zwei Tagen wäre das wieder vergessen, und meine Gelüste würden mich wieder einholen.

Vivi arbeitete derweil eifrig an ihrer zweiten und neuen Garten-Influencerinnen-Karriere als »Vivi Green«. Inspiriert von meinen Einkäufen beziehungsweise einer Zutat, deren Duft trotz eiligstem Verschlingen noch in der Küche hing, begann sie noch am Küchentisch diesen Beitrag:

»Ihr Lieben, heute geht es darum, Knoblauch selbst anzubauen. Und das kann wirklich jeder – versprochen. Warum Knoblauch? Weil ich eine griechische Freundin habe, die aufgrund ihrer DNA ohne Knoblauch quasi gar nicht überleben würde. Hahaha!«, rief sie – plötzlich wieder bester Laune, in die Kamera.

Vivi saß aufrecht, vor sich Schneidebrett, Messer und eine dicke Knoblauchknolle.

»Und wir beginnen gleich mit einer Gärtnerweisheit. Ab in den Boden! Wohin auch sonst – hahaha.« – »Mensch, wenn meine Mitbewohnerin weiterhin so witzig ist, weiß ich gar nicht, wohin mit meinen Lachkrämpfen«, grummelte ich etwas genervt von ihrer exzessiven Medienproduktion, die sich – anders als m e i - n e Cabanossi – offenbar sehr gut mit den Grundsätzen unserer Auszeit vertrug.

»Besorgt euch vorher den besten deutschen Knoblauch, den ihr finden könnt, und sucht danach nicht im Supermarkt, denn der stammt meistens aus China, Griechenland, Spanien oder Italien. Der ist klimatisch etwas anderes gewohnt und würde hier, in unseren Breitengraden, nicht wirklich klarkommen. Deshalb: deutschen Knoblauch besorgen.« Irgendwie konnte ich den Knoblauch gut verstehen. Ohne die Erfindung leistungsfähiger Federbetten hätte ich auch schon vor Jahren in anderen Klimazonen überwintern müssen, um lebend über diese garstige Jahreszeit hinwegzukommen.

»So, dann nehmt ihr die Knolle …«, fuhr Vivi wild gestikulierend fort, »und brecht sie einfach auf, drückt einzelne Zehen raus und steckt diese etwa vier Zentimeter tief in den Boden. Mit Erde bedecken, ein bisschen Kompost drüber und fertig. Am besten macht ihr das im

September oder Oktober. Denn der Knoblauch schafft es – im Gegensatz zu meiner griechischen Freundin – zu überwintern, weil er relativ winterhart ist. Hahaha. Geerntet wird dann je nach Witterung im Juni, Juli oder August.« Huch. Konnte Vivi Gedanken lesen? Obwohl diese Bemerkung auf meine Kosten ging, hatte sie es geschafft, mich inmitten unserer Cabanossi-Krise endgültig zu versöhnen.

»Und eine Sache noch, die ganz wichtig ist«, dröhnte Vivi weiter durch unsere Küche. »Was Knoblauch gar nicht gerne mag, ist Unkraut. Also, versucht euer Beet möglichst unkrautfrei zu halten. Darum einfach zwischendurch immer wieder das Beet harken und mulchen, dann fühlt sich euer Knoblauch besonders wohl, die Ernte fällt gut aus, und ihr habt das ganze Jahr etwas davon. Das war jetzt wirklich einfach, oder?« Vivi hatte leicht reden. Das ganze Gejäte fiel ja in meinen Bereich, entspannte mich zugegebenermaßen aber auch. Vielleicht sollte ich einen eigenen Kanal starten: Ich und mein Garten. Aber nein, ich wollte ja eine Auszeit von der Bildschirmpräsenz und mal was völlig anderes machen.

»Wenn euch das Video gefallen hat, dann gebt mir bitte einen Daumen rauf und abonniert gerne meinen Kanal. Aktiviert die Glocke, damit ihr neue Videos von mir nicht verpasst. Denn hier zeige ich euch immer wieder tolle, neue Ideen, wie ihr euch am besten selbst versorgen könnt.

Das nächste Mal stelle ich euch dann den besten Biodünger überhaupt vor: Brennnesseljauche. Freut euch drauf. Ciao – eure Vivi.« Oh Gott. Hoffentlich würde nicht ich diese Brennnesseln ernten müssen. Wobei: Gesund waren die ja auch.

Vivi packte ihren Kram zusammen und zischte ab aus der Küche. Ich ertappte mich dabei, zu googeln: *Wie gesund sind Cabanossi?* Schon auf der dritten Seite aller Treffer fand ich diesen Eintrag: Cabanossi sind reich an Vitamin B1. Mit einer Menge von 100 g nimmt man bis zu 247 µg des Vitamins zu sich. Beteiligt ist das Vitamin am Energiestoffwechsel der Zellen. Es ist gut für die Gewinnung und Speicherung von Energie und die Erhaltung des Nerven- und Herzmuskelgewebes.

Ta-daaa! Das würde mein Totschlagargument für die nächste Auseinandersetzung. *Yes.*

Tatsächlich ist es so, dass der Fleischkonsum in Deutschland weiter sinkt. 2022 haben die Deutschen so wenig Fleisch gegessen wie seit über 30 Jahren nicht mehr. Im Durchschnitt vier Kilo weniger pro Person. Diese Zahl hatte sich nicht Vivi ausgedacht, sie stammte von der Bundesanstalt für Landwirtschaft und Ernährung. Gehöre ich auch dazu?, fragte ich mich. Seitdem wir hier draußen sind, vermutlich schon, aber ganz aufhören kann ich nicht. Ich glaube, mit den Fleischessern verhält es sich für mich wie für andere mit dem Rauchen: einmal drauf, immer drauf.

Wird es irgendwann Räume geben, in denen fleischessende Menschen zusammensitzen und sich despektierlichen Blicken ausgesetzt sehen? Wird es an Flughäfen zusätzlich zur »Camel Smoking Zone« dann die »Bifi-Mett-Zone« geben? Werde ich irgendwann zur Außenseiterin, weil ich es nicht geschafft habe?

Vivi meldete mich extra zu einem Workshop an, um mich von meiner Liebe zum Fleisch zu kurieren. »Du wirst lernen, selber zu schlachten«, sagte sie mit einem Glitzern in den Augen. Ich war so geschockt von dem Gedanken, dass ich reflexartig zu rülpsen begann. (Sobald mir jemand etwas Ekeliges erzählt, was ich nicht hören mag, stoße ich tatsächlich sofort auf.)

»Das kann ich nicht«, sagte ich spontan und hoffte, dass sie ein Einsehen habe. Wie kam sie bloß darauf, dass ich in der Lage wäre, ein Tier zu töten?!

»Fleisch essen bedeutet, Tiere zu töten«, antwortete Vivi kalt. Schachmatt. Da hatte sie leider recht. Mein Verdrängungsmechanismus bekam keine neue TÜV-Plakette. Mist. Was mache ich jetzt?

Ich erinnerte mich an eine Situation im Dorf meiner Mutter. Ich muss damals etwa 15 Jahre alt gewesen sein. Mein Cousin war, genau wie wir, bei meiner Tante Irini in Trikala zu Besuch, und zur Feier des Tages sollte es ein leckeres Huhn geben. Was ich nicht wusste, war, dass das Huhn zur Stunde noch auf dem Grundstück meiner Tante scharrte und heute seinen letzten Tag haben würde, um fortan in die Rolle des Brathuhns zu schlüpfen. Ich war irritiert und überfordert, als ich meinen Cousin in der Küche nach einem scharfen Messer kramen sah, weil ich meinen Gedanken partout nicht fortsetzen wollte. Eingeschalteter Modus: Verdrängen.

Das Grundstück war für das Tier ein Traum. Es lebte dort nicht allein, sondern hatte noch drei weitere Spielgefährten. Trotzdem hatten alle genug Platz, um sich auszutoben, prima Versteckmöglichkeiten und

Schattenplätze inklusive. Und bald würden die drei Übriggebliebenen noch mehr Platz haben. Für meinen Cousin spielte das offensichtlich keine Rolle. Vor lauter Aufregung musste ich auf die Toilette. Diese befand sich nicht im, sondern außerhalb des Hauses in einer kleinen Kammer. Und obendrein bestand sie nicht aus Keramik. Diese hatte man einfach weggelassen. Es war, wie früher auf dem Land in Griechenland üblich, ein Plumpsklo. Ich hasste es, darauf zu gehen, denn besonders im Dunkeln war man nie allein. Dann kamen die Kakerlaken. Jetzt, am helllichten Tag, hatte ich immerhin nur mit dem Geruch zu kämpfen.

Als ich die Tür des Verschlages gerade wieder öffnen wollte, riss mein Cousin sie schon auf und hielt mir den Kopf des Huhns vors Gesicht. Blut tropfte von seinen Händen. Noch während ich das schreibe, stoße ich schon wieder auf. Das, was ich zu sehen bekam, hatte ich noch nie zuvor gesehen. Das kopflose Huhn lief aufgeregt im Garten hin und her. Ich schrie und übergab mich gleichzeitig. Mein Cousin lachte mich aus.

»Ach, ihr kleinen Stadtkinder«, seufzte er und grinste über das ganze Gesicht. Ich konnte nicht mehr, gab vor, mich wegen der Hitze kurz hinlegen zu müssen, und verharrte regungslos auf der Couch. Im Nachbarraum befand sich die Küche, in der es schepperte und klapperte. Meine Tante riss dem nun leblosen Huhn die Federn aus. Während sie das tat, bat sie meine Mutter, die Kartoffeln zu schälen. Chrissi hatte das ganze Spektakel ungewohnt still verfolgt. Für sie war diese Szene ganz normal. Und Hühner waren nicht die einzigen Tiere, die sie auf dem Gewissen hatte. Schlangen hatte sie beispielsweise auch schon mit dem Nudelholz erschlagen, wie ich aus einer ihrer Heldinnensagen aus ihrer griechischen Jugend wusste.

Ich musste tatsächlich eingeschlafen sein, denn als meine Tante meinen Namen rief, war klar: Das Essen ist fertig. Normalerweise ist Huhn mit Kartoffeln aus dem Ofen eines meiner Lieblingsgerichte, erst recht, wenn ich von der zarten Brust ein besonders großes Stück ergattern konnte. Aber nun saß ich vor meinem Teller und bekam nichts runter. Ständig sah ich das kopflose Tier vor meinem inneren Auge herumrennen. Nichts ging mehr.

»Warum isst du nichts? Du musst was essen, du bist viel zu dünn! Na los, jetzt mach schon«, feuerten meine Tante und mein Cousin mich im Chor an.

In Griechenland im Beisein der Familie und dann auch noch auf dem Dorf nichts zu essen, hatte etwas von Gotteslästerung. Meine Mutter warf mir scharfe Blicke zu und zischte. So aß ich wenigstens die Kartoffeln. Das Huhn aber rührte ich nicht an. War ich da schon auf dem Weg, eine Vegetarierin zu werden? Nein. Denn bei meiner Rückkehr in Deutschland legte ich im Großmarkt, ohne groß darüber nachzudenken, Hähnchenbrustfiletscheiben von Herta »hauchzart und feinwürzig« in den Korb, weil die Verpackung mich nicht ansatzweise an das Huhn ohne Kopf erinnerte. Chrissi schüttelte darüber nur den Kopf und murmelte »Isst natürlich Plastik«, womit sie damals wie heute richtiggelegen haben dürfte. Und so blieb es: Ich sehe verpackte Wurst und verdränge, woher sie kommt. Das funktioniert prima.

Vielleicht müssen fleischverarbeitende Unternehmen demnächst dazu verdonnert werden – ähnlich wie bei Zigaretten –, im unteren Teil der Verpackung Bilder von leidenden Tieren zu zeigen. Das würde mich vermutlich abschrecken. Beziehungsweise ... würde ich jetzt wohl meine Lektion lernen.

Vivi war fest entschlossen, mich keinesfalls aus der Nummer zu entlassen. Sie verriet nicht, welches Tier ich schlachten müsse. Muss ich erwähnen, dass ich in den Nächten davor nicht besonders gut schlief?

Am Schlachttag hatte ich schon zum Frühstück keinen Hunger, trank dafür aber sehr viel Kaffee.

»Muss ich wirklich?«, fragte ich sie am Telefon in der Hoffnung, dass sie sich vielleicht doch erbarmen würde. Vivi blieb unbeeindruckt.

»Ja!«

»Und wenn ich dir verspreche, dass ich nur noch einmal die Woche ...«

»Nein!«

Nichts zu machen.

Die Fahrt zu Dieter Martens Metzgerei dauerte etwa 20 Minuten. Ich fühlte mich einfach nur scheiße. Dieter war knapp 50 Jahre alt, sprach breites Hochdeutsch und wirkte sehr freundlich. Er war von Vivi eingeweiht worden und nahm sich meiner an.

Im Garten, der hinter der Metzgerei lag, sah alles sehr idyllisch und friedlich aus. Auf der Wiese standen ein paar Lämmer, die alle glücklich wirkten, so als hätten sie ein leichtes Lächeln im Gesicht. Wie goldig, dachte ich und freute mich über diesen Anblick.

Dieter führte mich zu seinem Gartentisch, auf dem neben Kaffee und Kuchen mehrere Messer, eine Schüssel, ein Haken und ein silbernes, rundes, längliches Gerät lagen, was ich zunächst für eine Taschenlampe hielt. Dieter erklärte mir kurz darauf, dass das ein Bolzenschussgerät sei. Das sei die schnellste und humanste Methode, vor der Schlachtung das Tier zu betäuben. Ich musste rülpsen. Dieter erklärte mir im Einzelnen, was ich bei dem Schuss zu beachten habe. Er zeigte mir den Bolzen und sagte, dass ich damit den Hirnstamm im hinteren Teil des Schädels treffen müsse, um ihn zu zerstören. Im besten Fall sei das Tier dann hirntot und bekäme nicht mehr viel mit. Wieder gab ich verzweifelt gurgelnde Geräusche von mir. Was so einfach klang, wollte ich mir nicht mal vorstellen. An den Praxisteil war nicht zu denken!

Dieter setzte einen Bolzen in das Gerät ein und forderte mich auf, in den Garten zu feuern. Ich zitterte, zierte mich und drückte doch ab. Die Wucht des Schusses warf mich zwei Schritte zurück. Meine Knie wurden weich, ich hatte kein Gefühl mehr für nichts. Weder für die Umgebung noch für die Aktion, geschweige denn für mich. Ich fühlte mich einfach nur leer. Das reichte mir als Exkursionsausflug. Ich würde Vivi jetzt unter Zeugen sagen, dass ich nie wieder Fleisch essen würde, und mir heimlich Hintertürchen offen halten. Nach dem Motto: »Was sie nicht weiß, macht sie nicht heiß.« Und bei der nächsten Cabanossi-Attacke würde ich genügend Kaugummi dabeihaben, so dass mein Salamiatem unbemerkt bliebe.

»Willst du gar nicht wissen, was für ein Tier du schlachten wirst?«, fragte mich Dieter. »Doch klar, wird ja hoffentlich ein altes Tier sein, das vielleicht eh ein Handicap hat und ganz froh ist, davon erlöst zu werden«, sagte ich. Dieter verschwand kurz hinter einem Schuppen. Es wirkte alles sehr idyllisch. Um uns herum nichts als Weide und Felder. Das Taka-Tuka-Land für Tiere. Während ich mich am Grün der Wiesen nicht sattsehen konnte, stand Dieter kurze Zeit später vor mir mit einem ... süßen kleinen Lamm, das vor Aufregung blökte. Ich protestierte sofort, sprang auf, fühlte mich verarscht und war sauer auf Vivi. Das war so gemein. Warum denn ein so junges Tier?

Dieter überging meinen Protest und schwärmte, was man daraus alles Leckeres machen könne. Lammkoteletts, Lammwürstchen, Lammkeule, Lammkarree. Ein Fest. Ich wurde immer bleicher. Zu meiner Beruhigung stellte ich fest, dass ich eigentlich nur einmal im Jahr Lamm esse, und zwar zu Ostern. Zum griechischen Osterfest. Da ist es Tradition und damit unvermeidlich. Das würde auch Vivi verstehen.

»Dieter, ich kann das nicht. Wirklich nicht.« Mein Herz pochte, ich spürte eine innere Ohnmacht; Unruhe; Angst, die sich zur Panik steigerte – alles gleichzeitig. Ich muss kreidebleich gewesen sein.

»Du nimmst jetzt den Bolzenschussapparat in die Hand, und dann setzt du das Gerät genau hier an.« Er hielt das zappelnde Lämmchen zunächst wie einen Hund auf dem Arm, stellte es dann auf, nahm das Tier zwischen seine Beine, so als würde er sich auf ein kleines

Reitpony setzen, und bat mich dazu. Mir war heiß und kalt zugleich. Ich fing an zu stottern.

»Die-Die-ter, ich kann das w i r k l i c h nicht. Wenn, musst du das machen. Ich kann kein Tier töten!«

Meine Nerven lagen blank. Ich zitterte am ganzen Körper. Das war alles zu viel für mich. Dieter blieb dafür umso ruhiger. Er sagte mir noch mal, dass ich zu ihm kommen und das Bolzenschussgerät in die Hand nehmen solle. Das Lamm stand ruhig zwischen seinen Beinen; er nahm meine Hand, in die er das Schussgerät legte, hielt es an die Stelle am Hinterkopf und drückte gemeinsam mit mir ab. Ich realisierte überhaupt nicht, was ich da gerade getan hatte. Das Tier brach sofort zusammen, lag nun am Boden und zuckte. Dieter schrie, dass ich das Messer holen und mich beeilen solle. Ich bewegte mich wie in Trance. Ferngesteuert griff ich zum Messer, ging damit auf ihn zu. Auch jetzt nahm er wieder meine Hand, legte das Messer an die Kehle und schnitt zu. Beziehungsweise, wir schnitten zu. Die Geräusche, die jetzt zu hören waren, machten alles noch schlimmer. Das Blut, das aus der Kehle des Tieres floss, hörte sich an wie Wasser, das jemand aus einem Glas auf die Wiese goss. Das jetzt kopflose Lamm zuckte noch. Wie das Huhn in Griechenland. Ich übergab mich mehrmals. Als ich nichts mehr im Magen hatte, weinte ich. Das Lamm lag nun regungslos vor mir. Dieter schien Mitleid zu haben. Er nahm mich mit seinen blutüberströmten Händen in den Arm, klopfte mir auf den Rücken und sagte: »War doch gar nicht so schlimm, oder?«

Ich fand keine Worte, stand wie paralysiert einfach nur da. Als Dieter das Tier an den Hinterbeinen an zwei Haken aufhängte, blieb ich reglos. Dieter führte mich näher ran, nahm das Messer und schlitzte die Haut an den Hinterläufen des Lammes auf. Jeder Handgriff saß. So wie ich damals, als wir noch einen Kiosk hatten, die Klebestreifen von Süßwarenkartons abgezogen hatte, um sie flach in den Altpapiercontainer werfen zu können, entfernte Dieter die Haut des Tieres. Ritsch, ratsch, ab war das Lammfell. Nun schnitt er den Filetteil des Tieres und erzählte mir dabei, dass er immer versuche, so viel Tier wie möglich zu verwerten. »Ja, mach mal«, dachte ich nur und wusste nicht mehr, wie ich zu diesem Lamm stehen sollte. So, wie es da hing, hatte es schon wieder mehr mit Fleischtheke zu tun als mit Wuschel auf der Wiese. Aber das Gefühl der Gleichgültigkeit wollte sich letztlich doch nicht einstellen. Was hätte aus dem Tier noch werden können? Wie alt wäre es wohl geworden, hätten wir es nicht getötet? In meinem Kopf ratterte es. Die Vorstellung, dass Dieter hier gleich den Grill anschmeißen würde, machte mich nicht besonders an. Würde ich in der Lage sein, das Fleisch zu essen? Ich war mir nicht sicher. Während Dieter im Innenraum seiner Metzgerei verschwand, um das Fleisch zuzubereiten und teils zu vakuumieren, überlegte ich draußen, bei meinem mittlerweile fünften Kaffee, wie viele Lämmer ich wohl schon auf dem Gewissen hatte. Ich fühlte mich schlecht und wollte eigentlich, wie damals in Griechenland, nur schlafen. Schlafen, aufwachen, das Erlebte wie einen schlechten Traum abschütteln und weitermachen, also hochwertige Herta-Scheiben und Cabanossi kaufen und arglos konsumieren. Aber das ging nicht. Aus dem hinteren Teil des Gartens nahm ich irgendwann den typischen Geruch von Grillfeuer wahr. Die Koteletts brutzelten bereits, und wenig später rief mich Dieter zu sich an den Tisch. Netterweise hatte er auch Maiskolben und Folienkartoffeln besorgt. Als das Fleisch durch war – es roch tatsächlich sehr lecker – und vor mir auf dem Teller lag, hörte ich von der Seite ein »Guten Appetit« und sah Dieter genüsslich das Fleisch schneiden. Ich starrte weiter auf mein Kotelett, nahm meine Gabel in die Hand und stocherte ein wenig in der Ofenkartoffel rum. Der Rest ist wurscht.

Kapitel 14

GLÜCKS–TEE

An meinen Händen klebte jetzt also Blut. Aber das ließ sich ja ganz leicht abwaschen. Ich fühlte mich trotzdem nicht wohl. Wegen der Tiere und auch wegen Vivi. Dabei hatten wir vor unserem Rückzug fest ausgehandelt: Jeder darf alles. Keiner muss tun, was er nicht will. Keiner muss lassen, worauf er nicht verzichten kann. So lautete die Verabredung für unsere WG auf dem Land *eigentlich*. Wenn überhaupt müsste Vivi ein schlechtes Gewissen haben: Schließlich war sie noch immer nicht zurück auf unserem Hof und amüsierte sich jetzt schon tagelang auf einer Party. Warum fühlte ich mich also so beschissen? Ratlos stand ich vor dem Waschbecken, starrte auf meine rissigen Handinnenflächen und inspizierte Herzlinie, Kopflinie und Schicksalslinie. Eigentlich glaubte ich nicht an den Hokuspokus und drehte die Handflächen nach außen. Auch ziemlich faltig und schrumpelig, dachte ich mir. Dabei hatten wir doch all unsere Energie in den letzten Monaten in ein vitales Leben und eine gesunde Ernährung investiert. Wer ein Reformhaus, ein Heuhotel oder einen Wellness-Spa-Tempel verlässt, sieht meistens auch verknittert aus, tröstete ich mich und machte mir klar, dass zu einem gesunden Leben auch der Verfall gehört. Gehirn, Gehör und Haut erwischt es eben eines Tages. Ich hatte meine Hände auch noch gründlicher als sonst gewaschen, nachdem ich vom Metzger zurückgekommen war. Meine Haut war ziemlich zerkratzt, was aber keine Spuren von der Schlachtbank, sondern die Folgen meiner Begegnung mit wilden Rosentrieben, abgebrochenen Ästen und anderen natürlichen Feinden hinter unserem Bauernhaus waren. Für die Seele war die Gartenarbeit Balsam. Auch unsere selbst gemachten Tinkturen aus Wildkräutern, die beruhigenden Tees und die Berge von frisch geerntetem Bärlauch. Mein Körper fühlte sich leichter und nicht mehr so verklebt an wie früher mein Magen nach dem Verzehr einer Pizza aus dem Pappkarton um zehn Uhr abends. Wir wohnten jetzt zu weit weg von einem Lieferservice und holten uns höchstens mal eingelegtes Gemüse im Glas bei Brigitte aus der Vorratskammer. Kürbis, Gurke, Tomate statt Gyros-Pita mit Pommes oder einer 12er-Box Chicken-Nuggets süß-sauer. Aber meine Haut sah trotzdem so aus, als würde sie durch die Heilpflanzen, ätherischen Öle und das kalte Wasser im See viel schneller verwelken als in der ach so toxischen Großstadt. Ich spreizte die Hände und inspizierte meine matten Fingernägel. Reste von schwarzer Erde klebten unter den stumpfen Nägeln. Das Nagelbett war auch mit der groben Wurzelbürste nicht sauber zu bekommen. Warum zur Teufelskralle war meine Nagelhaut schon wieder entzündet? Ein paar Tränen kullerten über meine Wangen und landeten im Becken. Ich musste schlucken und dachte noch mal an das viele Blut. Tiere töten fühlte sich auch Tage später noch doof an, so lecker die frischen Würstchen auch waren. Mit kaputten Händen konnte ich mich arrangieren, mit Gewissensbissen wollte ich nicht leben – und beschloss, künftig noch weniger Fleisch zu essen. Ich riss mich von Waschbecken und Selbstzweifeln los und ging auf unseren immer grüner werdenden Hof.

Draußen war es schon wieder richtig sonnig, und ich wollte das schöne Wetter nutzen, um herauszufinden, ob unsere selbst gezogenen Pflanzen gut durch die Nacht gekommen waren, oder ob die Rehe sie schon verspeist hatten. Sah alles in Ordnung aus im Beet; Kürbis, Radieschen und Sauerampfer waren noch da und entwickelten sich mit der ersten Wärme richtig gut. Im Gewächshaus war es kurz nach zehn schon ziemlich warm, und unsere kleinen Salatpflanzen hingen etwas schlapp in der Ecke. Tatsächlich hatte ich gestern vergessen zu gießen. Schon wieder überkamen mich wegen Vivi Gewissensbisse. Ich tauchte unsere Gießkanne in die eiskalte Regentonne. Meine Handoberfläche prickelte wie Holgers ganzer Körper nach dem Bad im See. Wenn ich jetzt regelmäßig gießen würde, würden vielleicht auch meine Hände ewig jung bleiben, redete ich mir ein und verteilte vorsichtig das Wasser rund um die kleinen Pflänzchen. Auch die Kerze hatte ich vergessen anzuzünden. Das Gärtnern verlangte mir alles ab. Einmal nicht aufgepasst, schon war die ganze Arbeit futsch, die wir seit dem Eintüten und Beschriften auf der Saatbörse investiert hatten. Nach der Aussaat war es wichtig, die Tontöpfe mit der Anzuchterde auf den Fensterbänken ausreichend feucht zu halten und später darauf zu achten, dass wir die Keime mit der Gießkanne nicht gleich wieder wegspülten. Doch gerade auf den letzten Metern brauchte man noch mal besonders viel Fingerspitzengefühl. Im Hochbeet beispielsweise hatten wir unsere eckigen Mangold-Samen »Bright Lights« im exakt gleichen Abstand zueinander in die Erde gebracht. So hatten wir es auf der Samenbörse erklärt bekommen, damit sich die Pflanzen später nicht gegenseitig das Licht und die Nährstoffe wegnehmen würden. Die kleinen Blätter keimten aber nicht da, wo wir die Samen eingesetzt hatten, sondern ganz woanders, und ich musste vorsichtig die zarten Wurzeln mit den Fingern aus der Erde pulen und genauso vorsichtig wieder an einer anderen Stelle im Boden einsetzen und leicht andrücken. Am Stängel konnte ich schon die unterschiedlichen Farben erkennen: Gelb, Rot, Grün. Ich ging mit den Pflanzen anfangs so hilflos um wie mit meinem ersten Neffen. Tatsächlich spürte ich beim Andrücken in der feuchten Erde ein Knacksen. Gibt es so etwas wie einen Bänderriss bei einer kleinen Mangold-Pflanze? Spätestens morgen wüsste ich, ob die Pflanze ihre Wurzelverletzung auskurieren konnte, oder ob ich ihr aus Versehen das Genick gebrochen hatte. Während ich den Abstand der Pflanzen kontrollierte, streckte plötzlich ein Regenwurm seinen Kopf aus der Erde. Ich ging zunächst angewidert einen Schritt zurück und beobachtete, wie zwanzig Zentimeter Wurm aus der Erde schlüpften und an einer anderen Stelle wie beim Synchronspringen wieder kopfüber in der Erde eintauchten. Zwar hatte uns die Dorfbevölkerung kollektiv den Nutzen von Regenwürmern eingebläut und uns mehrfach versichert, dass die Tiere bei der Gartenarbeit auf unserer Seite waren. Ich gewöhnte mich trotzdem nicht daran.

Etwas größer waren unsere sechs Peperoni-Pflanzen im Gewächshaus. Hier hatte sich bereits die erste Blüte gebildet, die sogenannte Königsblüte. Ich hatte Brigitte ganz aufgeregt von der Entwicklung berichtet: Es gäbe da eine weiße, so kleine Knospe, dass ich mir nicht ganz sicher war, ob das eine Blüte oder etwas anderes, potenziell Schädliches sei. Die erste Blüte nämlich muss angeblich rausgebrochen werden, damit die Pflanze besser wächst und die ganze Energie nicht allein in die erste Frucht geht. Wenn sie entfernt ist, können sich neue Blüten angeblich viel besser bilden. Diese Theorie hatten wir auf der Saatgutmesse beim Fachsimpeln aufgeschnappt.

»Bringt gar nix, außer einer Chilischote weniger am Strauch«, hatte Horsti widersprochen. Er war schon etwas älter, trug ein kariertes Holzfällerhemd und hatte sich sein rot-graues Haar zu einem Zopf geflochten. Nach seinem glaubwürdigen Einwand blinzelte er uns an und schob ein Tütchen »Hanoi Red« über den Tapeziertisch. Der Samen kam ursprünglich aus Vietnam, würde sich aber auch im norddeutschen Gewächshaus wohlfühlen, garantierte uns der Samen-Experte. Sehr ertragreich sei die Sorte, egal ob wir da nun eine Blüte entfernen würden oder nicht. Wir nahmen das Angebot an und verabredeten einen internen Chili-Wettbewerb. Vivis Pflanze würde mit abgeknipster Blüte ins Rennen gehen, meine Pflanze dagegen mit der berühmten Königsblüte und ohne fremdes Eingreifen. Am Ende würde derjenige die Challenge gewinnen, der mehr Peperoni in seinem Körbchen hatte. Bis zum Herbst mussten wir mit der Ernte noch warten, aber schon die Entwicklung vom ersten Tag war so spannend wie ein Krimi am Vorabend. »Du bist aber groß geworden, meine kleine Chili«, lobte ich die Königsblütenträgerpflanze. Ins Rennen schickten wir noch zwei weitere Sorten: »Prairie Fire« – rot, fruchtig und ziemlich scharf (genauer gesagt Schärfegrad 9, laut Horsti). Etwas milder und laut Saatguttüte sehr bunt mit roten, violetten, orangfarbenen und gelben Früchten war die Sorte »Luzi Luzi«, die es nach Horstis Aussage aber immerhin auch auf Schärfegrad 6 brachte.

Die Blätter wirkten für mich als Garten-Einsteigerin noch blass und konnten etwas »Futter« vertragen. Ich krümelte also von unserer eigenen Kompost-Erde einen kleinen Haufen um die Stängel. Nächste Woche würde dann bereits der Brennnesselsud dazukommen. Zum Abschluss meiner Inspektion bekamen alle Pflanzen Regenwasser aus der Tonne. Selbstbewusst zog ich weiter durch den Garten und kontrollierte neugierig jeden Winkel, den wir umgegraben und bepflanzt hatten. Mal zupfte ich etwas von unserem Koriander und steckte mir die frischen Blätter in den Mund, die so intensiv im Geschmack waren, als würde ich mit Mundwasser gurgeln. Auch der russische Estragon machte Fortschritte. Vorsichtig nahm ich einen frischen Trieb weg und war überrascht, wie stark die Blätter nach Anis schmeckten. Fast wie Lakritz.

Beim Unkrautzupfen war ich etwas zurückhaltender, weil ich nicht unabsichtlich Gemüse- oder Kräuterpflanzen aus dem Boden reißen wollte. Wir hatten ja zur Orientierung überall selbst gemalte Schilder in den Boden gesteckt. Trotzdem war es für mich unmöglich, die Blätter einer jungen Radieschen-Pflanze von einem wild wuchernden Ackersenf zu unterscheiden. Die Oberfläche beider Pflanzen war genauso rau und behaart wie meine Beine und Arme nach ein paar Tagen Gartenarbeit. Immerhin erkannte ich die sogenannte Gundermann-Pflanze mit ihren kleinen lila Blüten inzwischen genauso gut wie die Wildbienen in unserem Garten. Für uns war es ein Unkraut, das sich wahnsinnig schnell ausbreitete, und ich riss es deshalb überall raus, auch wenn Brigitte von der »unheimlichen Kraft« dieser Pflanze schwärmte. Angeblich sei sie bei eitrigen Entzündungen als Mundwasser sehr hilfreich. Seitdem ist sie auf jeden Fall von Vivi und mir als »Odol-Blume« verschrien. Während ich durch harmloses und im Grunde hübsches Unkraut streifte, dachte ich an Vivis letzte Videoproduktion, für die ich in Holgers Angelanzug lindahohe Brennnesseln zu ernten hatte.

Vivi stand währenddessen beziehungsweise kurz darauf mitten auf der Wiese, umringt von sehr viel – harmlosem und hübschem – Unkraut. In ihrem Fall Löwenzahn, Schöllkraut (das sind diese kleinen gelben Unkrautblumen) und Gänseblümchen.

Sie drückte auf Aufnahme und legte los.

»Hallo, meine Lieben – ich bin's wieder, eure Vivi. Diesmal geht es um den besten Biodünger ever, der auch noch kostenlos ist. Brennnesseljauche.« Kostenlos ja, schmerzfrei zu haben, leider nein. Aber sollen Brennnessel-Verbrennungen nicht auch gut gegen Rheuma sein? Das werde ich in einigen Jahren erfahren.

»Vielleicht«, fuhr Vivi sinnierend fort, »gibt es ja einige unter euch, die sagen, kenne ich, das stinkt entsetzlich. Das stimmt, aber ich habe einen Trick für euch, damit die Jauche nicht mehr so übel riecht und den ich in diesem Video mit euch teile.

Zunächst: Wenn ihr Schiss habt, euch zu verbrennen, zieht euch ein langärmeliges Oberteil an und – ganz wichtig – Gartenhandschuhe. So haben Brennnessel-Pikser keine Chance. Außerdem benötigt ihr eine Gartenschere. Jetzt einfach die Brennnesseln abschneiden und grob zerkleinern. Ich habe mir hier einen Eimer bereitgestellt, in dem die abgeschnittenen Brennnesseln schon liegen.« Tja, Kunststück, sie hatte ja auch jemand anderen in die Ernte geschickt. Vivi war wirklich die Fernsehköchin unter den Garten-Influencerinnen; bei ihr war alles – wie von Zauberhand – immer schon vorbereitet. »Beim Behälter solltet ihr darauf achten, dass er aus Plastik, Holz oder Ton ist. Bitte kein Metallgefäß benutzen, denn das könnte mit der Jauche reagieren«, zeigte sie auf eine hübsche Ansammlung von Gefäßen, die ihr Brigitte ausgeliehen hatte.

»Wenn der Eimer voll ist, könnt ihr die Pflanzen noch ein wenig zerkleinern. Danach gießt ihr einfach Wasser über die zerstückelten Brennnesseln. Am besten benutzt ihr dafür Regenwasser – kostet nichts, *is made by nature* und mögen die Pflanzen am liebsten. Das Ganze mit einem Stock umrühren und zum Schluss lose mit einem Deckel abdecken. Die Jauche solltet ihr täglich ein- bis zweimal umrühren, damit sie sich gut durchmischt.« Auch diese Aufgabe hatte ich übernommen, was im Video selbstverständlich nicht zu sehen war. Immerhin stank das Ganze weniger übel als befürchtet, denn der Trick, den Vivi mit ihrer Gemeinde geteilt hatte, schien zu funktionieren: »Und jetzt kommen wir zum Stinken. Nach etwa zwei bis drei Tagen fängt das Gemisch wirklich unangenehm an zu riechen. Mein ultimativer Anti-Stink-Trick: Gebt einfach etwas Steinmehl dazu, und ihr werdet merken, dass eure Brühe kaum riecht. Nach etwa zwei Wochen ist die Bio-Jauche fertig. Das erkennt ihr daran, dass keine Blasen mehr aufsteigen. Die Jauche durch ein Tuch abgießen! Dafür könnt ihr zum Beispiel einen Juteeinkaufssack benutzen, den ihr über einen zweiten Eimer zieht, sodass am Ende die Flüssigkeit von dem Grünzeug getrennt wird. Das hat den Vorteil, dass ihr das Grünzeug auch benutzen könnt. Dazu kommen wir gleich. Die Jauche müsst ihr noch mit Wasser verdünnen, weil sie ansonsten zu stark konzentriert ist: Auf zehn Teile Wasser gebt ihr einen Teil Jauche. Gut umrühren – dann kommt das Ganze in eine Gießkanne, und ihr könnt damit eure Pflanzen gießen. Einmal die Woche solltet ihr eure Pflanzen mit der Jauche düngen. Dann freuen sie sich.« Das konnte ich so bestätigen. Die Sache würde sich lohnen!

Und bei der Jauche war es nicht geblieben. Die festen

Bestandteile der Jauche, also das übrig gebliebene Grünzeug würden wir als Kompost oder Mulch im Gemüsebeet einsetzen. »So kommt nichts weg und wird sinnvoll genutzt«, hatte Vivi ihre grüne Show beendet. Ich war e x t r e m froh, dass Vivi sich beim Grünzeug für diese Nutzung entschieden hatte. Irgendwann standen mal Brennnesselchips im Raum (so real wie metaphorisch), die sie aber offenbar lieber in einem der kommenden Filme verbriet.[1]

Ich war ein bisschen unsicher, inwieweit es Vivi wirklich schon zur Gartenexpertin gebracht hatte oder ob sie vor ihren Videos nicht doch das Internet oder das Wissen unserer Nachbarin anzapfte.

Ich jedenfalls war ohne meine persönliche Park-Rangerin Brigitte an meiner Seite meist noch immer auf meine Pflanzen-App angewiesen, um die korrekten Namen für das Grünzeug herauszufinden. Der Schachtelhalm sah beispielsweise erst sehr hübsch aus, bis ich feststellen musste, wie schnell er sich im Beet breitmachte und wie hartnäckig seine Wurzeln in der Erde steckten. Rauke, Petersilie und Schnittlauch konnte ich

---

1 Und das, was Vivi als die »leckersten Chips aller Zeiten« bezeichnet, geht so:

Die oberen Blätter der gesammelten Brennnesseln einzeln mit der Schere abschneiden und gut waschen. Trocknen lassen oder, wenn der Film bald anfängt, schleudern. Fett in einer tiefen Pfanne erhitzen, Blätter einzeln hineinlegen. Sobald sie nicht mehr zischen, sind sie fertig und können mit einer Gabel herausgeholt werden. Die gerösteten Blättchen kurz auf Küchenkrepp legen, damit das überschüssige Fett abtropfen kann. Anschließend die frittierten Blätter in eine Schüssel legen, salzen und mischen – fertig sind die Chips.

inzwischen schon ohne Handykamera voneinander unterscheiden. Außerdem kannte ich die Bärlauch-Stellen. Wir verzichteten grundsätzlich auf Pestizide, wuschen nach der Ernte aber trotzdem immer alles gründlich mit Leitungswasser ab. Vivi hatte mir neulich einen Artikel über den Fuchsbandwurm vorgelesen, der im Magen eines Menschen angeblich gefährlicher war als eine Überdosis Pflanzenschutzmittel. Ich blendete die Gefahr aus, schüttelte die Blätter und damit hoffentlich auch die Eier des Bandwurmes ab und steckte alles in den Mixer. Mit der Hand streute ich noch Nüsse, Pistazien und die Reste einer alten harten Käseecke dazu. Brigitte hatte mich in ihrer Küche inspiriert, immer wieder mit den Händen in verschiedene Gläser zu greifen, ohne etwas abzuwiegen, und am Ende grobes Salz, Pfeffer und Olivenöl dazuzugeben. Jetzt musste ich nur noch zwei Minuten den Knopf auf höchste Stufe am Mixer festhalten, damit alles gut durchgemischt wurde. Ich war überrascht, wie giftgrün die sämige Masse leuchtete. Ich schmeckte mein Pesto mit dem Finger ab und nahm mir danach gleich noch einen Löffel, so lecker war meine Kreation »Holsteiner Frühling«.

Mein grüner Daumen entwickelte sich ordentlich, die eigene Ernte hatte aber auch ihren Preis. Meine Unterarme und Finger hatten heute besonders viele rote Punkte und juckten zusätzlich zu allen anderen Abnutzungserscheinungen, weil ich mich trotz meiner dicken Handschuhe an den Brennnesseln verbrannt hatte. Im Gegensatz zu unserem Mangold wuchs das Unkraut zehnmal so schnell und vor allem auch sehr hoch. Ich

konnte mich zwar nicht daran erinnern, dass wir Brenn-
nesselsamen aus der Saatbörse ersteigert hatten. Aber
vielleicht hatte Brigitte sie heimlich in unseren Garten
gestreut, damit sich Schmetterlinge in den Blättern verstecken und vom Nektar der Blüten zehren konnten.
Zweimal die Woche machten wir uns einen Brennnessel-
Shot, weil die Blätter mehr Eisen enthielten als ein Rin-
dersteak, so die Behauptung von Vivi, die sie in einem der
zahlreichen Superfood-Blogs aufgeschnappt hatte. Ich
war offen dafür, auch mal ohne Beweise aus dem Labor
etwas auszuprobieren. Ein Brennnessel-Smoothie kostet
viel Überwindung. Den ersten Schluck bekam ich kaum
runter. Außerdem kratzte mein Hals unerträglich, und
abends bekam ich auch noch Durchfall. Vivi schraubte
noch etwas an den Zutaten und der Dosis, und ich bildete mir in den nächsten Wochen tatsächlich einen positi-
ven Effekt ein, weshalb ich mich mittlerweile auch gerne
an dem Morgenritual beteiligte und mich bei meinem
Gartenrundgang jetzt auch für das Unkraut verantwortlich fühlte. Wir brauchten die frischen Brennnesseln
nämlich, genau wie Vivi es in ihrem Video angekündigt
hatte, auch als Turbo-Dünger und hatten sie in einem
Eimer mit Wasser übergossen. Eine Woche lang stand
die Brühe schon hinter unserem Haus und wurde täglich von einem von uns umgerührt. Heute war ich also
mal wieder dran und merkte dabei, wie bestialisch die
Brühe stank. Sollten wir tatsächlich den Biodünger auch
mal gegen Schädlinge wie Mehltau einsetzen, wie es uns
Brigitte empfohlen hatte, dann würde ich definitiv jedes
Blatt und jedes Gemüse noch ausgiebiger abwaschen als

beim Verdacht auf einen Fuchsbandwurm. Machte das Steinmehl etwa nicht seinen Job, oder hatte Vivi es nicht in die Brühe getan? Ich versuchte, beim Umrühren nicht zu atmen, hatte meinen Rücken zum Hohlkreuz durchgedrückt und die Arme ausgestreckt, um den Abstand zu dem übel riechenden Eimer zu vergrößern, während ich vorsichtig umrührte. Mit der anderen Hand musste ich aufpassen, dass der Eimer mit dem toxischen Gemisch nicht umkippte. Wir sollten laut Brigitte drei Mal nach links und fünf Mal nach rechts rühren. Keine Ahnung, ob das Rudolf Steiner so in seine anthroposophischen Bücher geschrieben hatte. Wir hielten uns jedenfalls akribisch daran.

Zeit für den allerletzten Auftrag von Brigitte. Auf der Party hatte sie mich darum gebeten, etwas Rinde von jungen Weidenästen an der Grundstücksgrenze abzuziehen und daraus ein Anti-Kater-Mittel aufzusetzen, das wirkungsvoller als Aspirin Effect sei, von dem sie aber womöglich keinen ausreichend großen Vorrat mehr in ihrem Teefundus hatte. Ich suchte also in ihrem Schuppen den Hausschlüssel, den sie in einer alten Keksdose versteckt hatte. Holger durften wir das Geheimnis des Ersatzschlüssels nicht verraten. Uns schien sie aber zu vertrauen. Alle Dosen waren mit Malerkrepp beklebt. Mit einem Kugelschreiber hatte sie die unterschiedlichen Teesorten von Salbei bis Pfefferminze beschriftet. Ich nahm eine Dose mit der Aufschrift »Wiesen-Viagra« in die Hand und schaute neugierig hinein. Statt Blätter oder getrocknetem Gras lagen darin kleine getrocknete Samen, die aussahen wie Mohn. Nur der Dosenboden war noch bedeckt. Offenbar gab es zahlreiche Abnehmer. Oder die letzte Ernte war einfach schlecht. Kurz überlegte ich, meinen Finger etwas zu befeuchten und ein paar Samen zu probieren, stellte dann aber doch alles wieder ordnungsgemäß auf das Regal zurück. In dem Moment fiel eine andere Büchse laut scheppernd auf den Terrazzoboden, und lauter kleine Metallkugeln rollten durch die Küche. Ich sammelte sie alle wieder ein und entdeckte den Schriftzug 9 mm Luger S&B auf der polierten Patrone. Das waren keine Kugeln, sondern Munition. Vorsichtig legte ich die 30 Schuss zurück in die Dose, damit sie nicht explodierten. Ich hatte von Waffen keine Ahnung und auch noch nie eine Knarre oder ein Magazin angefasst. Ich nahm die Patrone und hielt sie mit der Spitze zwischen meine Augenbrauen. Das wäre also ein tödlicher Schuss, wenn sie die richtige Geschwindigkeit hätte. Irgendwie fühlte sich die Vorstellung unheimlich an. Ich steckte eine der Patronen für meine Recherche in die Hosentasche und stellte alle anderen wieder zurück auf das Regal. Die Patronendose war mit dem Aufkleber »lahme Ente« beschriftet; vermutlich Schrot für die nächste Jagd, dachte ich mir. Allerdings war Brigitte doch Vegetarierin, der es sogar schwerfiel, einen Schneider zu töten, wenn er abends durch das Wohnzimmer flog. Ich mag kein Ungeziefer und mache Stechmücken mit meinen Pantoffeln oder einer Zeitung sofort platt, bevor die Viecher nachts mein warmes Blut absaugen oder eine Spinne mir in die Nase kriechen könnte. Brigitte dagegen holte ein Glas und eine Pappe, fing den Schneider vorsichtig ein und achtete penibel darauf, ihm kein Bein auszureißen. Dann ging sie vor die Tür und setzte das Tier aus. Gut fürs Karma, mit einer Ausnahme. Bei Schnecken mutierte sie zu einer Heckenschützin und vernichtete die schleimigen Tiere brutal mit einer Gartenschere. Mit einem Jagdgewehr konnte ich sie mir aber beim besten Willen nicht vorstellen. Im Einsatz gegen Schnecken käme sie damit ja auch nicht weit.

Die einzigen gefährlichen Waffen von Vivi und mir waren Axt, Beil, ein paar Messer, (meine Hausschuhe und alte Zeitungen). Wie Fred Feuerstein und Barney Geröllheimer hackten wir damit Holz, machten entweder Feuerholz oder entfernten ein paar Äste im Garten, so wie wir es in den YouTube Tutorials für Obstbaumschnitt oder bei Holger gesehen hatten. Dabei lernten wir sehr schnell. Je schärfer unsere Klingen am Stiel oder unter dem Rasenmäher waren, umso besser das Ergebnis. Unser Kirschbaum wäre beinahe verblutet, weil Vivi den Ast mit dem stumpfen Beil nur zertrümmert und dabei seine Rinde abgeschält hatte, statt mit einem gezielten Schlag das Holz sauber zu entfernen. Wie immer war Holger unser Experte fürs Werkzeug. Er hatte einen alten Schleifstein vom Schmied mit einem Elektromotor so umgebaut, dass er die schwere Scheibe nicht mehr von Hand kurbeln, sondern per Knopfdruck in Bewegung setzen konnte.

Ohne Brigittes allerletzten Auftrag schon erledigt zu haben, klopfte ich bei ihm am Schuppen, aber keiner war da. Deshalb öffnete ich vorsichtig die Tür und machte alles genau so, wie ich es bei ihm beobachtet hatte. Zunächst setzte ich mir eine Schutzbrille auf, dann ließ ich etwas Wasser über den Stein laufen und reinigte mit einer Drahtbürste die verrostete Klinge. Ich hatte Spaß daran, selbst etwas zu reparieren, und drückte die Klinge vorsichtig an den Stein. Wie bei Holger flogen zunächst ein paar Funken weg. Ich drückte das Beil etwas fester an den Schleifstein, dabei rutschte es weg und fiel auf meinen Fuß. Zum Glück war es noch stumpf, und so spürte ich nur einen dumpfen Schmerz in meinen Gummi-schuhen, den ich wegatmete, das Beil aufhob, um dann einen neuen Versuch zu wagen. Jetzt hielt ich es richtig fest. Das Geräusch beim Schleifen war sehr schrill, es roch nach Eisen und irgendwie auch scharf. Beide Sei-ten glänzten, und ich machte jetzt ganz vorsichtig die Bewegung nach, die ich bei Holger beobachtet hatte. Nach einigen Runden fasste ich ohne Handschuh auf die Klinge. Messerscharf. Jetzt konnte ich zurück in unseren Garten und suchte mir ein paar schöne Äste aus, die aus dem dicken Stamm der Weide ausgeschlagen hatten. Klack. Ein Schlag mit meinem scharfen Beil, und der ganze Ast knickte ab und fiel mir ins Gesicht. Die Äste waren dünn und noch ganz frisch, ich sammelte sie ein und legte sie auf unseren Hackklotz. Die jungen Weiden rochen intensiv und verloren an der abgetrennten Stelle schnell etwas Flüssigkeit.

In genau diesen Tropfen befindet sich Salicin. Die Substanz wird in der Heilkunde gegen Kopfschmerzen eingesetzt. Chemiker haben aus der Verbindung die so-genannte Acetylsalicylsäure für die Pharmaindustrie entwickelt. Ich war nicht besonders gut im Chemie-unterricht, die Abkürzung ASS kannte ich aber von der Verpackung der Kopfschmerztabletten und aus der Werbung. Ich war gespannt und schnitzte mit meinem Taschenmesser, wie von Brigitte beschrieben, die Rinde in ein Glas, danach schnitt ich die Stücke mit einer Schere klein und legte sie zum Trocknen aus, damit sie ihre Dose mit Anti-Kater-Tee wieder auffüllen konnte. Ich war so neugierig, dass ich Wasser aufsetzte und mir einen frischen Tee mit Weidenrinde kochte. Spannend. Ob er auch hilft, wenn man keine Kopfschmerzen hat?

Ich mochte diese Tage, an denen ich ganz allein war. Am liebsten ging ich einfach eine Stunde durch die Felder spazieren. Gerade jetzt, wo am Horizont ab und zu das schwarze Meer zu sehen war, im Kontrast zu den gelben Rapsfeldern. Wenn ich niemanden treffen wollte, machte ich mich auf den Weg in den Wald. In genau dieser Stimmung war ich heute und musste dafür mein Fahrrad holen. Auf dem Weg in den Schuppen kam ich an unserem Kräuterbeet vorbei, knipste ein paar vertrocknete Blätter Zitronenmelisse ab, die ich in der Hand zerrieb. Tatsächlich rochen meine Finger wie eine Zitrusfrucht. Genauso machte ich es mit einem Zweig Thymian. Warum musste ich bei dem Aroma schon wieder an einen Lammbraten denken? Und an ein großes griechisches Fest? Es war Zeit für die nächste Stufe meiner Meditation.

Ich setzte mich auf mein Rennrad und fuhr fünf Kilometer bis zu meiner Lieblingsstelle am Waldrand. Der asphaltierte Feldweg ging in einen Schotterweg über, der für meine dünnen Felgen zu holprig war. Deshalb schloss ich mein Fahrrad direkt neben der Schranke an einem Verbotsschild an. Die Bäume sahen alle aus, als würden sie schon über 100 Jahre hier stehen und atmen. Die ersten Meter schaute ich, ob vielleicht ein Wolf hinterm Baumstamm auf mich wartete. Gefährlich sahen zwar eigentlich nur die umgeknickten Bäume vom letzten Sturm aus, aber ich hielt mich trotzdem auf dem Waldweg und ging nicht in das Gestrüpp. Je tiefer ich in den Wald lief, umso dunkler und kühler wurde es, und es roch nach frisch geschlagenen Tannen. Die Waldarbeiter hatten die Stämme sorgfältig neben dem Weg gestapelt. Die toten Bäume bluteten noch, das Harz lief tränengleich aus der Rinde. Ich schnupperte an den dicken Stämmen und auch am Harz. Auf dem Boden lagen viele Sägespäne, die Maschinen mussten gewaltig gewesen sein, alles war aufgerissen, und ich sackte in den Furchen manchmal mit meinen Stiefeln ein. Neben meinen Fußabdrücken konnte ich die Spuren einiger Waldbewohner erkennen. Hund, Katze, Maus? Ich machte sicherheitshalber ein Foto von den Spuren und wollte es später Holger zeigen, der inzwischen überzeugt davon war, dass hier zwei Wölfe lebten. Ein bisschen konnte ich die Tiere verstehen. Der Waldboden neben dem Weg war weich und gab nach wie eine Turnmatte. Ich zog meine Schuhe aus und ging ein Stück auf dem Moos entlang. Barfuß fühlte es sich an wie Watte. Ein Eichhörnchen kletterte einen dicken Stamm hoch, um die anderen Tiere vor mir zu warnen.

»A-Hörnchen an B-Hörnchen: Die Fernsehkillerin ist wieder da. Passt auf euch auf!«

Die Szenerie war perfekt für einen neuen Disney-Film. Bambi und der Wolf und Linda. Überall wuchs Farn aus dem Nadelboden, durchsetzt von ganz viel Klee. Kniend suchte ich nach dem großen Glück, fand es aber nicht, obwohl ich sehr genau guckte. Weil ich mich unbeobachtet fühlte, überlegte ich kurz, einen Baum zu umarmen, um glücklich und über 100 Jahre alt zu werden. Ich hatte aber mein graues Lieblings-Sweatshirt an und keinen Bock, drei Tage lang mit Waschnüssen vergeblich zu versuchen, die Harzflecken aus meinem Pulli herauszuwaschen. Egal, was ich auch unternahm in der Natur, am Ende musste ich doch wieder an Chrissi denken. Ich wollte auf keinen Fall so alt werden, wenn ich den Rest meines Lebens alles vergessen würde. Der Gedanke an ein Gespräch, das wir kürzlich geführt hatten, machte mich traurig.

Mama: »Ich habe keine Lust mehr zu leben. Werde bloß nicht so alt. Das ist furchtbar. Man ist zu nichts zu gebrauchen.«

Ich: »Ja, das ist wohl wahr. Aber es geht doch auch nicht darum, nützlich zu sein.«

Mama: »Was habe ich denn gemacht, dass er mich nicht will?«

Ich: »Wer, Gott?«

Mama: »Ja. Ich habe doch nichts getan.«

Anstelle eines klebrigen Baumes würde ich jetzt sehr gerne einen lieben Menschen umarmen.

Vielleicht würde mir ein Rezept von Brigitte helfen. Ich suchte mir an einem der herabhängenden Äste einen Zweig mit Fichtennadeln. An der Spitze waren die

Triebe hellgrün. Vorsichtig trennte ich sie mit meinem Taschenmesser vom Zweig ab und steckte sie in meinen Becher, goss heißes Wasser aus der Thermoskanne über die Triebe und ließ das Ganze fünf Minuten ziehen. Ich starrte in den Wald, ohne einen Schluck getrunken zu haben, und hatte plötzlich eine wundervolle Begegnung.

Vielleicht 100 Meter entfernt von mir fiel Sonne auf eine kleine Lichtung, und ich sah, wie dort ein Hirsch mit riesigem Geweih im Gehölz stand. Er schaute kurz rüber, wunderte sich wahrscheinlich über meinen Tee und schaute wieder weg, als wäre nichts gewesen. Jetzt kamen immer mehr Tiere dazu und tranken Wasser aus den Pfützen. Ein Reh hatte ein weißes Fell, wie ich es wirklich nur aus Zeichentrickfilmen kannte. Vorsichtig richtete ich mich auf und streckte meinen Arm aus. Im Zeitlupentempo fokussierte ich die Linse meines Handys auf das surreale Motiv. Die Tiere waren aber zu weit weg. Immer noch ohne Schuhe ging ich ganz langsam auf die Gruppe zu und versuchte dabei, auf keinen Ast zu treten. Etwas weiter entfernt krachte es – vermutlich ein Schuss –, und alle Tiere rannten weg, ohne dass ich auch nur ein Bild hätte machen können. Wie gerne hätte ich das Vivi gezeigt! Obwohl sie die treibende Kraft hinter der ganzen Landpartie war, kommt sie selten mit in den Wald, weil sie Angst vor Zecken, Borreliose und anderen Krankheiten, die einem das Gehirn lahmlegen können, hat. Selbst schuld, dachte ich mir. Dabei war eine ausschweifende Party sicher nicht weniger hirnschädigend als ein Zeckenbiss. Oder? Für mich jedenfalls war der Wald der perfekte Ort zum Auftanken und um meine Gedanken zu ordnen, die mal wieder zwischen Mutti, Vivi und dem bösen Wolf kreisten. Ich setzte mich auf einen Baumstumpf und nahm endlich einen Schluck Tee aus der Tasse. Es waren deutlich mehr als nur fünf Minuten vergangen – Leben am Limit. Das Wasser schmeckte mild und hatte durch die Fichtennadeln eine süße und gleichzeitig auch saure Note bekommen. Ich bildete mir sofort ein, die ätherischen Öle hätten schon nach dem ersten Schluck meine Frühjahrsmüdigkeit vertrieben. Ich spazierte also mit neuer Energie noch eine halbe Stunde durch das Gehölz und entdeckte neben Sauerklee noch Buschwindröschen, Waldmeister und Sternmieren mit weißen Blüten, die tatsächlich wie Sterne wirkten. Und dann entdeckte ich neben einem Hochsitz auch noch ein parkendes Auto. Es war die S-Klasse von Heiko, deren Kofferraum offen stand. Ich versteckte mich hinter dem dicken Stamm einer Buche und sah zwei Männer, die zusammen einen Sack in das Auto hievten. Beide waren verkleidet wie Bundeswehrsoldaten. Heiko erkannte ich erst, als er seinen Hut abnahm. Das Auto kam in meine Richtung, ich legte mich flach auf den Boden und atmete ruhig. Sie fuhren langsam den Berg hoch, weil der Boden auch hier tief durchfurcht war. Trotzdem blieben sie plötzlich stecken und mussten wieder aussteigen. Ich hörte Heikos panische Stimme von ganz Nahem.

»Und nun? Wohin damit?«

»Schießen, Schaufeln, Schweigen!«

»Aber vielleicht hat das Scheißvieh einen GPS-Tracker, und gleich kommt ein Polizeihubschrauber, und es gibt 'ne wilde Verfolgungsjagd ...«

»Entspann dich und gib noch mal vorsichtig Gas!«

»Waidmannsdank!«

Ich verstand nicht wirklich, wovon die beiden da sprachen. Auch die andere Stimme erkannte ich nicht. Sie gab schließlich das Kommando, die schweren Türen des Mercedes zu schließen und den Motor laut aufheulen zu lassen. Das Auto kam noch etwas näher, bremste ab und fuhr dann ziemlich schnell an mir vorbei. Ich war mir nicht sicher, ob sie mich hinter dem Baum erkannt hatten. Erst als ich nichts mehr hörte, richtete ich mich auf, klopfte das Laub und die Äste von meinem Pulli und meiner Hose und ging zurück zu meinem Rad. Auch ohne vierblättriges Kleeblatt hatte ich das Gefühl, noch einmal Glück gehabt zu haben. Niemand hatte mich entdeckt oder erschossen, und auch die Zecken hatten mich in Ruhe gelassen. Kurz vor der Schranke hatte ich wieder zwei Balken Empfang auf dem Handy. Ich hatte vier Anrufe in Abwesenheit von Chrissi.

Kapitel 15

DURCHGEKNALLT

Wenig später hatte ich eine weitere gefährliche Begegnung mit dem silbernen Mercedes, bei der ich mich aber immerhin nicht auf den Feldboden pressen und zu verstecken brauchte: Heiko rauschte noch schneller als sonst im Rückwärtsgang von Holgers Hof. Seine Rückleuchten verfehlten mich nur knapp, und ich lenkte mein Rad erschrocken in die Hecke. Trotz meines empörten Aufschreis sah Heiko mich auch weiterhin nicht, beschleunigte noch schneller als sonst, sodass auch noch der Schotter in meine Ecke der Hecke flog. Ich sah nur noch seinen neuen Heckscheibenaufkleber: »No Farmers, No Food, No Future«. Dann blieb eine Staubwolke zurück. Ich stand wieder auf und schob das Rad die letzten Meter in den Schuppen. Seit die Sonne sich nach dem düsteren Winter wieder regelmäßig blicken ließ, lebten wir so gut wie CO_2-neutral auf unserem Hof. Das lag auch daran, dass Heiko den ganzen Nachmittag über an unserem Batteriespeicher gebastelt hatte. Außerdem hatten Vivi und ich die Solarpaneele sauber gemacht. Den Kamin zündeten wir abends zwar weiterhin an, aber es war herrlich, endlich warmes Wasser zum Duschen und ausreichend Strom für unsere Elektrogeräte in der Küche und im Hauswirtschaftsraum zu haben. Solange Vivi noch immer nicht von ihrem Festival zurück war, stopfte ich schnell noch Bettwäsche in die Waschmaschine. Anstelle von Waschnüssen legte ich mein verschwitztes Sweatshirt und meine eingestaubte Jeans dazu und schüttete wegen des vielen Drecks aus dem Wald eine Extradosis Persil Ultra in das Waschmittel-Fach. Die Patrone hatte ich im letzten Moment aus der Jeanstasche gezogen und ging damit rüber zu Holger. Er sortierte gerade seine Angelrouten und zog eine Schnur auf seine Rolle.

»Moin, Holger«, begrüßte ich ihn. Eine Weile stand ich unentschlossen neben ihm rum. Holger wirkte deutlich weniger gesprächig als sonst.

»Würdest du damit auch ein kleines Reh erschießen?«, setzte ich schließlich nach.

»Das ist eher etwas für Serienmörder«, antwortete Holger und inspizierte die Patrone, der mit der Erwähnung seines liebsten Hobbys langsam auf normale Holger-Temperatur zu kommen schien.

»Das ist scharfe Munition. Wo hast du die her?«

Ich schaute aus dem Fenster.

»Aus dem Wald. Die Sonne fiel drauf und hat das Licht krass reflektiert«, log ich.

Holger nahm die Munition an sich und legte die Patrone in einen Schrank, in dem ich daneben mehrere Gewehre sah.

»Das Kaliber gehört eigentlich in ein Magazin und

ist eher für ein Schützenfest geeignet«, fachholgerte er weiter, schloss den Schrank wieder ab und wendete sich seinem Angelkram zu.

»Einen Bären kannst du damit jedenfalls nicht erlegen.«

»Und einen Wolf?«

Holger antwortete nicht und suchte stattdessen nach einer zweiten Rute in seinem Angelschrank.

Ich war mal wieder überrascht, wie gut sortiert seine Werkstatt war. Wie in einem Kaufhaus gab es für jedes Hobby eine eigene Abteilung mit dazugehörigem Schrank und Ausrüstung.

»Hast du eigentlich einen Jagdschein?«, wollte ich wissen.

»Erzähl ich dir, wenn wir mal zusammen auf Wildschweinjagd gehen. Da brauchen wir jedenfalls größere Kaliber als das, was du beim Ostereiersammeln gefunden hast.«

Holger verschwand mit dem Kopf in einer Alukiste und war nur noch dumpf zu verstehen. Minutenlanges Gemurmel später tauchte er wieder auf und hielt mir einen neongrünen Gummiwurm mit einem rostigen Haken vors Gesicht.

»Angebissen?«, fragte er mich.

»Willst du damit zu den anderen in die Disco?«

Holger klärte mich auf. Er benutzte »den Gummiwobbler«, wie er das grüne Ding konsequent nannte, als Köder, um Aale zu fangen. Das war angeblich sein Joker, falls die Fische keine Würmer mochten. Er war sich sicher, dass ich seine Einladung zum Töten auf dem Heimweg durch den Wald angenommen hatte: entweder mit einem Jagdgewehr zurück in den Wald oder im blauen Kanu, Würmern und Angel an den See. Das sei der Deal. Ich hatte eigentlich schon eine Überdosis Natur, aber in meiner brandneuen Rolle als Kommissarin musste ich die Gelegenheit nutzen, willigte ein und flitzte schnell zurück, um mich für diesen Trip zu rüsten. Ich zog einen warmen Strickpulli aus Schafswolle in der Hoffnung über, dass jeder Stechrüssel darin stecken blieb. Autan war bei uns neuerdings verboten. Brigitte hatte meine Dose mit Mückenspray ungefragt in der Mülltonne entsorgt und mir lediglich eine Flasche mit selbst gemachtem Zitronenmelissen-Öl für Hände und Hals ins Bad gestellt. Ich hatte danach trotzdem jede Menge Stiche und roch dazu auch noch ranzig. Ganz ohne Schutz wollte ich jedoch keinesfalls in der Dämmerung ans Wasser. Ich pflückte einfach ein paar frische Blätter von der Zitronenmelisse, presste sie in den Händen zusammen und rieb mich damit an den empfindlichen Stellen ein. Jetzt roch ich tatsächlich gut und hatte auch keinen Verpackungsmüll hinterlassen. Die zerdrückten Blätter landeten im Blumenbeet. War doch schließlich Kompost.

Holger hatte inzwischen seine Angeltasche im Pick-up verstaut und zeigte mir, wie er im Schuppen ein Kanu mit einer Seilkonstruktion ohne meine oder sonst jemandes Hilfe direkt auf die Ladefläche lassen konnte. Ich war beeindruckt. Mit zwei Gurten machte er alles fest, als würde er jeden Tag einen Ausflug zum Angeln unternehmen. Ich hatte das Kanu jedenfalls das erste Mal bewusst gesehen.

Auf der Fahrt zu unserer Badestelle bekam ich einen Crashkurs in Meeresbiologie, Ethnologie und Archäologie. Holger war jetzt wieder pausenlos am Reden. Fische gebe es kaum noch in der Ostsee, erklärte er mir. Neulich in seinem Politik-Seminar für arglose Nachbarinnen waren noch die Bauern schuld, als es um die Überdüngung und Zerstörung des Lebensraums Ostsee ging. Heute gab er mir die Schuld, weil ich ja sonst, in der Großstadt, morgens, mittags, abends Sushi bestellte. Die großen Flotten hätten die letzten Bestände auf dem Gewissen, nicht die Hobbyangler mit ihren drei, vier Dorschen. Ich erinnerte mich tatsächlich an eine Dokumentation auf Netflix, nach der ich mindestens zwei Wochen nur noch Gemüse-Sushi bestellt hatte. Aber in meiner Erinnerung ging es da um die Weltmeere, nicht um Nord- oder Ostsee. Und schon gar nicht um die schönen Seen.

»Der Kormoran frisst uns die ganzen Aale weg«, regte sich Holger auf.

Sein Kopf färbte sich rot wie bei einem Truthahn, der vermutlich nur ein durchschnittliches Interesse an Fischen hat.

»Die Naturschützer greifen nicht ein, wenn die Vögel hier auf Durchreise einfallen.«

Ich mochte zwar keinen Aal, konnte Holgers Ärger aber irgendwie verstehen.

Das Gleichgewicht zu halten, war offenbar nicht so einfach, weder für Holgers Temperament noch für die Natur.

»Hast du wenigstens einen Angelschein dabei?«, fragte ich neugierig, um ihn von den Zugvögeln abzulenken.

Holger schaute mich mit großen Augen an und zuckte mit den Schultern.

»Vergessen«, sagte er lachend und parkte seinen Pickup auf einer Wiese.

»Rute raus, der Spaß beginnt!«, gab er das Motto für den Abend vor.

»Ist das ein Lied von Rammstein?«, fragte ich irritiert.

Holger klärte mich auf, dass es mittlerweile eine breite mediale Angel-Abdeckung gebe, Podcast, YouTube, zipp und zapp. Dort hole er sich Tipps, welche Mistwürmer am Haken besonders lecker sind. Schluck. Holger feixte, als er mein wieder mal entgeistertes Gesicht sah, kramte eine Dose aus seiner Tasche und öffnete den Deckel, unter dem es von Regenwürmern nur so wimmelte (keine Metapher). Holger zog einen besonders dicken Wurm aus dem Knäuel und legte ihn mir auf die Hand. Ich erschrak über die Unruhe und Kälte des Wurmes und ließ ihn zu Boden fallen. Kurz überlegte ich, mich zu bücken. Holger beruhigte mich: Er habe genügend Würmer aus dem Komposthaufen von Brigitte gezogen. Dieser habe sich die Freiheit verdient. Die anderen zog Holger über eine Reihe von Haken. Ich sollte das auch mal machen, konnte mich aber nicht überwinden. Die Würmer lebten ja noch! Außerdem hatten wir, die Würmer und ich, Seite an Seite die Erde zwischen den Radieschen aufgelockert. Das verbindet.

»Aale mögen die Dicken«, sagte Holger nur.

»Und die Dicken mögen Aale, oder?«, versuchte ich mal wieder, mich auf Holger-Temperatur zu bringen.

Ich rieb meine Hand an der Hose ab und zog mir meine Wollmütze über die Augenbrauen. Mit präparierten Angelhaken, einer Dose Mistwürmer, leerem Eimer und einem kleinen Fischernetz hatten wir die wichtigsten Dinge bereits im Kanu verstaut. Zwei Bierflaschen mit Bügel kamen noch dazu und waren mir lieber als Korn. Ich musste nur ins Kanu einsteigen, wäre dabei aber fast umgekippt, hätte Holger das Boot nicht sofort stabilisiert. Verkrampft hielt ich mich am Stützjoch fest. Holger watete in Stiefeln, die direkt in eine Hose übergingen (oder umgekehrt) ein paar Meter durch das Wasser und kletterte dann ins Boot, was durch sein Gewicht wieder etwas mehr wackelte, als ich gut vertrug. Wir paddelten los und lagen irgendwann so gut auf der Wasseroberfläche, dass ich mich entspannte. Zeit wurde es, zumal Holger mich mehr als einmal darauf aufmerksam machte, dass die Weltmeere einst das natürliche Habitat aller Griechen gewesen seien. Dazu sagte ich nichts. Vom Vordersitz aus zog ich das Paddel in langen Schlägen, was mich eher an meine Zeit im Ruderclub an der Alster erinnerte, in den ich durch die Einflussnahme einiger mildtätiger Mitschülerinnen geraten war. Lange, kräftige Züge. Dann wieder eine Pause. Und erneutes Durchziehen. Das Schöne daran war, dass wir jetzt still sein mussten. Holger hatte inzwischen seine Angel ausgeworfen, den Finger verschwörerisch an die Lippen gepresst, und so schaute ich schweigend der Angelschnur hinterher und hoffte, kein Fisch würde anbeißen. Mein Wunsch ging nicht in Erfüllung: Es zappelte nach ein paar Minuten. Ein kleiner Aal hing tatsächlich am Haken, bewegte sich wellenartig wie ein Mistwurm und hatte Glück im Unglück. Er war noch zu klein! Holger nahm ihn vorsichtig vom Haken und warf den Fisch zurück in den See. Aus der Dose holte er einen neuen Wurm, spießte ihn auf und eröffnete damit eine neue Runde des schweigenden Wartens. Nach einer Weile sollte ich auch mal werfen und kurbeln und war nervös. Dabei kamen wieder die Bilder hoch, wie mein Onkel in Griechenland 30 Fische an einer langen Angelschnur mit Shrimps vom Meeresgrund ins Boot holte, ihnen mit einem Knüppel über den Kopf haute und sie dann in einen Wassereimer warf, wo sie benebelt weiter planschten. Immerhin hatte ich danach – anders als nach dem Vorfall mit dem kopflosen Huhn – noch an den Mahlzeiten teilnehmen können, wenn ich mich auch an den Tomatensalat hielt. In diesem Moment spürte ich einen Widerstand an meiner Route und zog nervös weiter, bis Holger mir die Angel ungeduldig aus der Hand nahm. Fehlalarm, Wurm und Haken hatten sich im Schilf verheddert und ich zu brutal gezogen. Der Wurm blieb als Wasserleiche zurück. Holger zog den nächsten Wurm auf einen frischen Haken, und wir warteten wieder. Ich erinnerte mich an den Tomatensalat, jetzt aber vor allem an den großen Teller mit paniertem Fisch und die Zitronen aus dem Garten meiner Tante. Und daran, wie mein Bruder die Tiere demonstrativ vor meinen Augen mit Kopf, inklusive Augen und Schwanzflosse in seinen Mund gesteckt hatte. Fast hätte ich den Tisch doch wieder verlassen müssen. War das mit dem Angeln und Fische verdrücken vielleicht so ein Männerding? Radieschen machten mir jedenfalls bessere Laune. Plötzlich raschelte es im Schilf. Wir hörten jemanden grunzen. Eine ganze Rotte Wildschweine kam auf uns zugeschwommen, was ich ihnen niemals zugetraut hätte.

»Holger, was machen wir jetzt?«, rief ich panisch.

»Psst ...«, zischte er nur.

Es fiel mir schwer, ruhig zu bleiben. Hunde können Angst ja angeblich spüren oder riechen. Ich wette, Holger wusste auch, wie sich das mit Wildschweinen verhielt. Ich muss jedenfalls gestunken haben. Trotzdem versuchte ich, leise durch den Mund auszuatmen und konzentrierte mich auf die Mitte zwischen meinen Augenbrauen, wie ich es beim Yoga gelernt hatte. Statt Erleichterung und Erleuchtung zu spüren, umkreisten die Wildschweine unser Boot in immer engeren Bahnen, schnupperten etwas und waren von meinem Angstschweiß offenbar so abgetörnt, dass sie genauso schnell wieder im Schilf verschwanden, wie sie gekommen waren. Holger war auch bedient, guckte missmutig in unseren leeren Eimer und erklärte das heutige Abenteuer für beendet. Wir paddelten zurück, packten das Kanu auf seinen Anhänger und fuhren nach Hause.

Auf der Heimfahrt erzählte er mir dann auf wiederholte Nachfrage, dass er keinen Jagdschein, keinen Angelschein und auch keinen Trauschein mehr habe.

»Und Töten ist dann nicht erlaubt, oder?«, fasste ich zusammen.

»Töten ist manchmal auch erlaubt«, insistierte Holger zu meinem Erstaunen.

»Wie?«

Holger erzählte mir schließlich freimütig, dass er als

Zeitsoldat in Bosnien zufällig an einem schönen Schrebergarten vorbeigekommen sei. Überreifes Obst hing an den Bäumen, am Boden saugten Wespen an den abgefallenen Früchten. Die Einheimischen hatten den idyllischen Ort schon länger verlassen, und weil es sehr heiß war, hatte seine Einheit bei der Patrouille Aprikosen, Himbeeren und auch klebrige Feigen gepflückt. Nach zwei Jahren Krieg hatte der Ausflug etwas sehr Meditatives. Nach den Erfrischungen wollten sich seine Kameraden die Hände noch schnell in der Gartenlaube waschen, bevor sie wieder stundenlang NATO-Stacheldraht verlegten, damit die Rückkehrer nicht aus Versehen Tretminen am Straßenrand auslösten. Holger schaute sich im Wohnzimmer Schwarz-Weiß-Bilder mehrerer Generationen an und stellte sich vor, wie sich eine bosnische Großfamilie an einem Sommertag auf der weißen Tischdecke über frischen Stachelbeerkuchen, Sahne und Kaffee gefreut hatte. In dem Moment hörte er einen lauten Knall und sah, wie der Obergefreite Kuhlmann vor der Spüle zusammenbrach. Blutüberströmt lag er am Boden und zuckte.

»Tempo 30 für Fledermäuse«, unterbrach Holger seine Geschichte und bremste seinen Wagen ab.

Obwohl mir vage bewusst war, dass Holger lieber für Tiere als für Kinder bremste und ich das indiskutabel fand, wollte ich seine Geschichte nicht unterbrechen und schnauzte ihn nur in Gedanken für seine fragwürdigen Maßstäbe an.

Holger trat das Gaspedal schließlich wieder durch und fuhr mit seiner Lebensbeichte fort. Ich stellte keine Nachfragen. Wie sich später herausstellte, hatten die Besitzer der Gartenlaube den Serben keine einzige Himbeere gegönnt. Aus purem Hass, der in einem jahrelangen Bürgerkrieg mit jedem Kriegsverbrechen ein bisschen größer wurde, hatten die Eigentümer vor ihrer Flucht eine Handgranate entsichert und unter dem Waschbecken im Siphon versteckt, wo gewöhnlich das Abwasser durch ein Rohr läuft. Lediglich ein Stück Würfelzucker hatte in den letzten Monaten verhindert, dass die tödliche Waffe vorzeitig explodierte. Das sollte nämlich genau in dem Moment passieren, in dem sich ein neuer Besitzer oder Besatzer das erste Mal die Hände waschen würde. Eigentlich sollte die Handgranate also einen serbischen Freischärler zum Krüppel machen. Jetzt lag der Obergefreite Kuhlmann am Boden, und was danach passierte, kann Holger bis heute zu keiner seiner Fabeln verdichten. Filmriss, Absturz, Uniform weg, Frau weg, Rehaklinik.

Holger parkte den Wagen auf dem Hof, räumte den leeren Eimer aus dem Kofferraum und drehte sich noch mal um.

»Und das nächste Mal erzähle ich dir, warum Opa als Alki aus Russland kam.«

»Schlaf gut, Holger«, sagte ich mit leiser Stimme.

»Pass auf dich auf, Opa ist genau an eurer Türschwelle gestolpert und nie mehr aufgestanden.«

Ich schloss zwei Mal ab, was ich bislang noch nie gemacht hatte. Statt frischem Fisch, den ich vermutlich sowieso nicht herunterbekommen hätte, machte ich mir ein Knäckebrot mit Butter und frischem Schnittlauch.

Nach der ersten Scheibe war ich satt und legte mich aufs Sofa. Holgers Geschichte hatte zwar keine fünfzehn Minuten gedauert, mir aber den Rest gegeben.

Kapitel 16

KORNHAUS

Die Müllabfuhr ist das »Kikeriki« der Stadtbevölkerung und ebenso zuverlässig wie der Sonnenaufgang. Sie kommen gefühlt täglich, beschleunigen und bremsen den 32 Tonnen schweren Müllfresser so laut, dass man aus dem Bett fällt, und selbst wenn man das Gepolter ignorieren kann: Der durchdringend schrille Ton beim Rückwärtsfahren durchbricht jeden noch so tiefen Schlaf. Aus der Hölle ist allerdings der Altglas-Container. Im schlimmstmöglichen Fall stehe ich verkatert daneben und schaue zu, wie ein Kran den Stahlbehälter mit 1000 leeren Flaschen Richtung Himmel hebt, dann den Boden öffnet und viele Tonnen Glas auf einer metallenen Ladefläche zerbersten. Wer bei dem Lärm nicht umfällt und liegen bleibt, wird die Großstadt nie verlassen und es nicht abwarten können, bis das Ganze am nächsten Tag im Hinterhof von vorne beginnt: Müllabfuhr. Nur die Abholung der Papiertonne war mir immer vergleichsweise egal.

Auf dem Land kann ich zwar theoretisch länger und

ungestörter schlafen, dafür ist die Mülldebatte zwischen Vivi und mir aber sehr anstrengend. Der Müllwagen kommt hier nur alle zwei Wochen und müsste bei uns eigentlich gar nicht halten, weil wir ja gar keinen Müll mehr produzieren. Unser Wasser kommt aus schweren Glasflaschen, die Nudeln aus dem Unverpackt-Laden und die Schalen der Waschnüsse landen auf dem Kompost. Seit drei Wochen versuchen wir jetzt auch noch, Austernpilze und Kräuterseitlinge zu züchten. Dabei dient uns ein alter Einkochtopf, den Brigitte beim Aufräumen in ihrem Schuppen entdeckt und ausgeliehen hat, als eine Art ... Katalysator oder Brutstätte. Brigitte züchtet ihre Pilze inzwischen auf Baumstämmen und Strohballen. Bis wir so weit sind, brauchen wir aber noch jede Menge Erfahrung, lautete ihr untypisch gönnerhafter Ratschlag, weshalb wir es erst mal mit Einkochtopf, feuchtem Kaffeesatz und Heu probierten. Der erste Versuch ist leider verschimmelt, weil wir nicht ausreichend belüftet hatten. Als Vivi den Deckel öffnete, war sie sich nicht sicher, ob sie das Gefäß nicht vielleicht mit dem des Brennnesselsuds verwechselt hatte. Es roch erbärmlich. Ihre Analyse war kurz und schmerzvoll: keine Verwechslung. Ich kümmerte mich jetzt täglich um die Pilzbrut, benutzte aber deutlich weniger Wasser und mehr frische Luft. Ich war mir nicht sicher, ob die weißen Flecken im Topf neuer Schimmel waren, oder ob die kleinen Knospen sich im Laufe der Zeit tatsächlich in essbare Pilze verwandeln würden. Lebensmittel ohne Transportkosten in unserem Zero-Plastic-Paradise waren das Ziel, das beim Anblick der weißen Winzlinge in sehr weiter

Ferne schien. Gleichzeitig bot ich Vivi an, in fünfzehn Minuten mit dem Fahrrad zum Wochenmarkt zu fahren und dort in einer Minute einen ganzen Korb voller Pilze zu kaufen. Ich hatte nämlich immer mehr den Eindruck, dass Vivi ständig wie ein kleines Mädchen in den Spielzeugladen rannte, etwas aussuchte, hinstellte und sich dann gelangweilt der nächsten Barbiepuppe zuwandte. Ihr Spielzeug? Die ganzen Pflanzen! Ich war in dem Spiel die Mutter, die hinterherräumte, reparierte, Sorge trug und mahnte, und während ich ein letztes Mal das Heu mit etwas Wasser besprühte, hörte ich, wie ein Wagen über den Kies fuhr. Die Schiebetür ging mit sehr viel Energie auf. Statt DHL standen allerdings meine Mitbewohnerin, meine Nachbarin und zwei Typen auf dem Hof, die alle nicht mehr ganz frisch waren. Sie hatten drei Tage durchgefeiert. Vivi verschwand direkt in ihrem Zimmer. Allein. Sie zog die Tür hinter sich zu, legte sich vermutlich sofort aufs Bett und war weg, für uns nicht mehr ansprechbar. Auch Brigitte hatte genug gefeiert, schlurfte über den Hof und verschwand ohne ein Wort mit einer Gießkanne in ihrem Garten. Die beiden Kreativdirektoren Roman und Rex hatten rote Augen, und auch ihre Gesichtsfarbe war intensiver geworden, seit wir uns zum ersten Mal begegnet waren. Trotzdem fragten sie mich erst mal nach einem Bier. Ich musste passen, bot ihnen aber zwei Holzstühle an und ließ sie für fünf Minuten allein vor der Tür in der Nachmittagssonne sitzen. Als ich mit einem Eimer und vier kalten Bierdosen von Holger zurückkehrte, hatte sich auch Brigitte wieder im Stuhlkreis des Innenhofes eingefunden.

Keiner sagte einen Ton, als hätte jemand den Stecker gezogen. Roman versuchte irgendwann, einen Joint zu drehen. Die meisten der getrockneten Blätter und Blüten fielen zwar auf den Kies, aber nach einer Viertelstunde brannte die Tüte endlich. Und nicht nur die: Eine Stichflamme verkohlte Romans Augenbrauen, was ihn aber nicht weiter zu stören schien. Er wischte mit dem Handrücken die angesengten Stoppeln aus seinem Gesicht und inhalierte wie ein Schamane. Brigitte berauschte sich lieber an einer Tasse ihres wunderbaren Anti-Kater-Tees. Weil die Jungs ihre Bierdosen schnell geleert hatten, wies ihnen Brigitte den Weg zum Gästeklo, bevor noch einer aus Versehen an eine der Kastanien pinkelte. Sie schlenderten über den Hof. Irgendwann hörte ich einen lauten Schrei aus dem Schuppen und schaute nach, ob sich jemand verletzt hatte.

Brigitte, Roman und Rex standen vor einer riesigen Milchkanne, deren oberer Teil aus Kupfer bestand und um deren »Spitze« sich jede Menge Rohre wickelten. Rex hatte die leuchtenden Augen eines Kindes, das auf dem Dachboden eine alte Eisenbahn entdeckt. Vorsichtig polierte er das Kupfer und überprüfte die Leitungen. Der überdimensionale Teekessel sei eine alte Destille, erklärte er mir. Hier wurde also früher Schnaps gebrannt. Die Anlage hatte etwas Magisches und füllte den ganzen Raum aus. Roman hatte sich offenbar schon häufiger mit dem Thema beschäftigt und erklärte, wie der Kondensator das Dampfgemisch auffing und wieder in flüssige Form brachte. Der Kessel war am Boden mit Ruß verklebt, was auf eine rege Nutzung hindeutete. Brigitte war überrascht, was sich in ihrem Schuppen über Jahrzehnte alles angesammelt hatte. Kurz dachte sie laut nach, wie sie hier künftig eigene ätherische Öle aufsetzen würde, wobei ich mir erlaubte, auf ihre mäßigen Erfolge im Autan-Öl-Bereich hinzuweisen, das nicht half und ranzig roch. Roman müsste ihr lediglich bei der Instandhaltung helfen, wischte sie meinen Einwand vom Tisch, aber er und Rex wollten auch unbedingt Schnaps brennen, wie sehr schnell klar wurde. Am liebsten natürlich Korn.

»Kümmerst du dich um Bio-Zitronen?«, fragte Roman und schaute dabei Brigitte an, während er seine Pläne von der ersten nachhaltigen Fanta-Korn vorstellte.

»Deal!«

Roman und Brigitte klatschten sich ab und verließen laut lachend den Schuppen, während sie einen ganz schäbigen Refrain aus den 70ern anstimmten:

»Korn *to be alive!*«

Rex legte mit seinem verkaterten Humor noch weitere Wortspiele nach und entwickelte daraus weitere Geschäftsideen: Die »Baby Korn«-Puppe war eine Art Maskottchen, und die internationalen Expansionspläne liefen unter dem Projektnamen »Korn *in the USA*«.

Brigitte brachte zur Feier des Tages vier Gläser mit Eis und Limonade auf einem Tablett, Roman hatte eine Flasche Doppelkorn aus dem Bus geholt. Ein Prosit auf die Geschäftsidee. Ich entschied mich mitzutrinken, um am Ende des Weekender-Festivals auch noch etwas von dem zu haben, was der Rest der Welt »Spaß« nannte, und brachte mich schließlich auch ein.

In Griechenland gibt es eine lange Tradition des Hausbrennens von Ouzo. Normalerweise wird ein einfacher Kupfer-Destillationsapparat verwendet, ähnlich wie der für das Brennen von Korn. Und genau deshalb brachte ich an dieser Stelle eine lange Liste von Zutaten ins Gespräch:

2 Liter Alkohol (am besten 96 % vol.)

1 Liter Wasser

1 Tasse Anissamen

½ Tasse Fenchelsamen

½ Tasse Koriandersamen

2–3 Lorbeerblätter

1–2 Zimtstangen

Ein paar Nelken

1–2 Esslöffel Zucker

würden genügen, um endlich meinen eigenen Ouzo brennen zu können. Ein Lebenstraum ginge damit in Erfüllung. Die Zigaretten und Getränke regten die Fantasie der anderen immer weiter an. Inzwischen waren die Pläne so weit gereift, dass Roman und Rex ihre Jobs kündigen und einen alten Gasthof im Nachbarort renovieren wollten, den sie schon seit ein paar Jahren im Auge hatten. Der letzte Besitzer war mit seinem Asia-Konzept und einem »All You Can Eat Buffet« gescheitert. Hier sollte nach den Plänen von Roman und Holger also ein neues Kulturzentrum entstehen. Das *Kornhaus.* Speisen überwiegend saisonal und regional mit allem, was unser Hof eben so hergeben würde, also vor allem wenig. Holger war vom Lärm der Runde angelockt worden und hatte sich mit einem frischen Bier dazugesellt.

Er konnte sich vorstellen, Lammfleisch, Rind und vor allem Wild aus eigener Schlachtung zur Speisekarte beizutragen, vielleicht in einer Jägerstube. So wie früher auch Raucher einen eigenen Bereich hatten, könnte man ein Separee für fleischfressende Gäste anbieten, so sein inklusiver Gedanke, der mir von meinen Cabanossi-Eskapaden nur allzu vertraut war.

»Und wenn der Wolf kommt, gibt es dann nur noch Gemüse?«, fragte ihn Brigitte provozierend.

»Den Wolf haben sie heute früh auf den Bahngleisen zwischen Groß Schlammbach und Klein Schlammbach gefunden.«

»Vom Zug erfasst?«, fragte Roman mitfühlend. Rex war inzwischen auf seinem Stuhl eingeschlafen.

»So sah es zumindest aus«, sagte Holger. Wenn er zu viel Alkohol getrunken hatte, erzählte er auch Dinge, die er eigentlich für sich behalten wollte.

Mir wurde jedenfalls plötzlich sehr, sehr klar, wer der zweite Mann neben Heiko im Wald gewesen war und was sie da im Sack transportiert hatten. Ich hatte genug gehört, gesehen und getrunken, ging schlafen und schloss sicherheitshalber ab. Ich fürchtete mich davor, auch auf den Bahngleisen aufzuwachen und als Unfall in die Geschichte einzugehen.

EIN JAHR SPÄTER –
LAND IST AUCH KEINE LÖSUNG

Kapitel 17

MUCKEFUCK IM BIENENHOTEL

Ein Jahr später war schon wieder vieles anders am Lustholz: Zweihundertfünfzig Gramm Butter kosteten inzwischen zwei Euro fünfzig, ein Kilo Zucker ein Euro
fünfundsiebzig, und eine Kugel Erdbeer-Minze in meiner Lieblingseisdiele zwei Euro vierzig. Die örtlichen
Zugvögel waren zurückgekehrt, und auch sonst hatte
sich in Sachen Bevölkerungsstruktur einiges getan: Ich
lebte wieder in der Großstadt und holte mir morgens völlig übermüdet in einem französischen Straßencafé ein
Buttercroissant und einen Cappuccino. Der Verkäufer
flirtete mit mir, was mir schmeichelte. Ich schätze, er
war halb so alt wie ich, volle Lippen, wirkte griechisch.
Ich stellte mir vor, wie er bei seinen Großeltern aufgewachsen war und dort Französisch gelernt hatte.

»*Have a nice day!*«

»Danke schön!«

Ich drehte mich um und drückte die Ladentür vorsichtig mit meinen Sneakern auf, weil ich keine Hand mehr
frei hatte. In meiner Linken hielt ich die Papiertüte mit

dem warmen Hörnchen und mein Handy fest, in meiner Rechten den Autoschlüssel und den viel zu heißen Kaffee in meinem Metallbecher. Bis zum ersten Schluck musste ich noch ein paar Minuten warten.

»Wichser!«

»Halt die Fresse!«

Radfahrer und Paketbote, natürliche Feinde im Großstadtdschungel, begegneten sich weit weniger romantisch als die Bäckerei-Fachkraft und ich. Jetzt war ich wach und versuchte vorsichtig, meinen alten Wagen auszuparken, ohne dabei einen weiteren Straßenkampf auszulösen. Langsam tuckerte ich durch die Stadt in Richtung A 1, die vertraute Strecke zu meiner Lebensabschnitts-Mitbewohnerin. Ich war am Abend zur Eröffnung im *Kornhaus* eingeladen.

Den Weg in der Holsteinischen Schweiz hätte ich auch im Schlaf gefunden, doch unterwegs traf ich ein paar alte Bekannte. Ein Turmfalke im Rüttelflug stand über einer gemähten Wiese in der Luft und beobachtete seine Beute. Zwei kleine Rehe streiften seelenruhig durch ein Kornfeld, schauten zu, wie ich mit meinem Mercedes vorbeirollte, und überlegten kurz, ob sie weglaufen sollten. Als ein verstaubter Traktor mit dreckigem Anhänger auf die Straße bog, dabei jede Menge Erde verlor und nicht überholt werden konnte, versuchte ich, mich an die Lektion in Sachen Entschleunigung zu erinnern, die ich vor einem Jahr gelernt hatte. Meine geplante Ankunft verzögerte sich um zehn Minuten.

Vivi hatte frischen Rhabarberkuchen gebacken. Die Zutaten kamen selbstverständlich aus ihrem Garten. Als

»Topping« hatte sie mir zu Ehren Zitronen-Thymian für den Belag gepflückt, die frischen Eier kamen aus Brigittes Hühnerstall. Außerdem hatte mein Nachmieter Rex erfolgreich mit kaltgepresstem Rapsöl experimentiert. Die Säure des Rhabarbers harmonierte perfekt mit der Süße. Leicht karamellisiert, allerdings nicht aus herkömmlichem Industriezucker. Alles andere hätte mich auch schwer verwundert. Die kleine Kommune zog ihren Plan durch und versorgte auch mich mit einer Art persönlicher Bio-Kiste ganz hervorragend.

»Kaffee?«, fragte mich Vivi, während sie über das ganze Gesicht grinste.

»Auch aus dem Garten?«, wollte ich wissen, bevor ich einen Schluck aus der Tasse nahm.

»So ähnlich.«

»Nebenwirkungen?«

»Keine. Probier mal!«

»Mmmh.« Ich machte eine Pause.

Der Geschmack erinnerte mich an den Instantkaffee bei meiner Tante in Griechenland. Das reife Obst und der zuckrige Kuchen verstärkten die Sommerterrassen-Erinnerungen, die in mir aufstiegen, noch.

»Das ist mein selbst gemachter Muckefuck«, half mir Vivi auf die Sprünge.

»*What the ... ?*«

Ich hätte den Kaffee vor Lachen fast ausgespuckt, als Vivi mir erklärte, was es mit ihrer Wildkräutermischung auf sich hatte:

Der Blümchenkaffee war früher immer dann beliebt, wenn Zölle oder Kriege die Kaffeepreise explodieren ließen. Stattdessen sammelten die Normalsterblichen dann mehr oder weniger alles, was links und rechts am Wegesrand lag, stand, wuchs, wie zum Beispiel Gerste oder Malz, Eicheln oder Bucheckern. Geröstet, gemahlen und aufgebraut entstand daraus ein ziemlich bitteres Gesöff. Besonders gut eignete sich die Wurzel der Zichorie, der gemeinen Wegwarte. Das war auch die Zutat für den Homebrew-Coffee, der gerade in meiner Tasse schwappte. Das Video, in dem Vivi die Herstellung beschreibt und vorführt, ist das bis heute meistgeklickte in ihrem YouTube-Kanal.

Vielleicht war das auch der Grund, warum sie so strahlte. Am Geschmack dieser Brühe lag es definitiv nicht. Mir fehlte vor allem der Energieschub, der sonst mit Kaffee! einhergeht, und Vivi schlug daher vor, eine Runde Richtung Wald zu gehen:

»Mit Hund – nicht dein Ernst, oder?«, wunderte ich mich. Normalerweise wäre sie ja nicht mal alleine in den Wald gegangen. Sollte das Tier die gefährlichen Zecken von ihr fernhalten?

»Einen Hund wollte ich doch schon als Kind haben.«

»Na gut, du nimmst aber die Kacki-Tüten mit.«

»Komm, Rocky!«

Rex und Vivi passten offenbar gut zusammen und beide gut aufs Land: Er hatte sich hier großartig eingelebt, »war schon mit den anderen Jungs im *Kornhaus*«, wo sie eine Anlage für die Livemusik aufbauten. Neben Vivis Studio, ihrem allerersten Projekt und daher für uns beide etwas Besonderes, hatten er und »die Jungs« sich nebenan im alten Schweinestall einen Proberaum eingerichtet und über den zurückliegenden Winter offenbar ein kleines Set geprobt. Ich ahnte schon, dass die Besetzung der Dorfkapelle eine der vielen Überraschungen für mich werden würde. Vivi wollte mir heute drei Dinge zeigen, von denen sie mir am Telefon nichts erzählt hatte: »Lieber persönlich!«

Der Hund war offenbar gut erzogen. Wir gingen, wie ich früher, über den Feldweg Richtung Wald, Rocky war allein unterwegs und steckte seine Schnauze in sämtliche Erdlöcher, schnappte nach Fliegen und schlabberte nach jedem längeren Sprint Wasser aus den Pfützen oder einem der vielen Bachläufe zwischen den Feldern. Vivi hielt unterdessen Ausschau nach den ersten strahlend blauen Blüten der Wegwarte, um die Wurzel im Herbst zu ernten. Wollte sie wirklich mit dieser Ersatzkaffeebrühe weitermachen? Dann käme ich in Zukunft mit Thermoskanne und eigenem Espresso zu Besuch. Ich schaute über die verblühten Rapsfelder und suchte das Meer, das am Horizont immer wieder für einen Augenblick zwischen den Bäumen zu sehen war.

Kurz vor dem Wald wartete Rocky auf uns.

»Hörst du es schon brummen?«

»Nein. Steht hier etwa ein Kühlschrank?«

»Das wäre nicht schlecht«, sagte Vivi und nahm mich an die Hand.

»Ich zeige dir jetzt mal ein paar Fluglöcher.«

Am Ende der Lichtung sah ich mehrere bunte Holzkisten stehen, und je näher wir den Boxen kamen, umso lauter wurde tatsächlich das Summen. Vivi hatte mich direkt zum Versteck eines Imkers geführt und wirkte dabei völlig unerschrocken. Vor zwei Jahren wäre sie noch durchgedreht, wenn sich eine Wespe ihrem Prosecco Spritz genähert hätte. Jetzt steckte sie ihre Nase quasi in das Flugloch. Das ist so etwas wie eine Einflugschneise, wie sie mir deeskalierend zurief. Ohne Imkerhut und Anzug öffnete Vivi den Deckel und fuhr mit der Hand durch den Bienenstock wie durch einen Aktenschrank. Dabei zog sie immer wieder einen der Rahmen hoch, prüfte die Honigwaben mit dem kritischen Blick einer ... Steuerberaterin und klappte alles zu. Ich war schwer beeindruckt, wie cool sie mit dem Bienenvolk umgegangen war.

»Der Königin geht es gut«, versicherte sie mir.

»Dir oder der Bienenkönigin?«

»Uns allen.«

Vivi war tatsächlich in die Honigproduktion eingestiegen und berichtete mir ganz stolz, wo genau sie ihre verschiedenen Bienenstöcke aufgestellt hatte, damit sie einen »gesunden« Honig erzeugen konnte. Die Gläser verkaufte sie unter dem Namen »Vivibee«, ihre im Grunde selbst gezimmerten Bienenhotels waren der Renner. Sie überlegte, demnächst auch Seminare anzubieten: Imkern für Anfänger.

Ich fragte neugierig nach, warum weder Rocky noch Vivi vom Bienenvolk angegriffen worden waren.

»Die Bienen spüren das«, erklärte sie, als sie mir plötzlich eine Biene auf die Nase setzte.

»Ganz ruhig, nur atmen«, flüsterte Vivi nachdrücklich und blieb ungerührt stehen.

Ich wurde panisch, schielte zur Biene runter, hielt es

nicht mehr aus und sprang wie Rumpelstilzchen in hektischen Bewegungen von einem auf das andere Bein.

»Aua!!!!!« Natürlich wurde ich gestochen und meine Nase innerhalb weniger Sekunden noch etwas größer.

Vivi zog den Stachel im Rahmen einer Sofortmaßnahme aus der Nase, gab mir zu Hause gleich Eiswürfel und später auch noch eine Zwiebel.

Für einen Essigwickel hatten wir keine Zeit. Ich hatte noch versprochen, zur Einweihung etwas Selbstgebackenes mitzubringen. Jetzt kam ich also mit Bienenstich und Apfelkuchen zum *Kornhaus* und hätte ihn an der Türschwelle fast fallen gelassen. Im umgebauten Gasthof war es um 18 Uhr schon richtig voll. Heiko empfing mich überschwänglich, redete sehr laut und langsam auf mich ein und stellte mir seinen Kumpel vor. Der hatte offenbar keinen Namen, dafür eine Handynummer, die er auf einen Bierdeckel geschrieben hatte und mir in die Hosentasche steckte. In dem Moment befreite mich Roman aus der unangenehmen Situation, legte seine Arme auf meine und Heikos Schultern und schleppte uns an die Bar.

»Lasst mal kornern!«

Corny aus der *Probierstube* hatte offenbar den Arbeitgeber gewechselt, zumindest für den sensationellen Eröffnungsabend. Der Gastraum war sehr stilvoll, eine Mischung aus einer spießigen Gaststube der 70er-Jahre, die durch etwas Shabby-Look, große Spiegel und bunte Poster auch genauso gut in Berlin-Kreuzberg hätte eröffnet werden können. Oder auf dem Kiez. Die Gäste kannten sich, es ging zu wie auf einem 50. Geburtstag, und man erzählte sich lustige Anekdoten, deren Heldinnen häufig Vivi, manchmal andere und ganz selten auch ich waren.

Heiko erinnerte sich mit glänzenden Augen an ihren Sturz bei der Hebefigur. Auch Corny hatte keine Erinnerungslücken, stellte uns ungefragt einen Korn hin und kümmerte sich sofort um die nächsten Gäste, ohne lange sentimental zu werden.

»Unser Korn ist sogar bei Harry's Getränkemarkt und Rewe in Lütjenburg gelistet.«

Roman war sehr stolz auf den ersten Jahrgang und verschwand mit seinem Glas im Hinterzimmer.

Ich studierte die Karte und fand auf der Rückseite tatsächlich auch 2 cl Ouzo für drei Euro.

Bei meinem Lieblingsgetränk war allerdings mit Kugelschreiber ergänzt: »Ouzo ab 2024 wieder da. Wegen Ernteausfall.«

Einschränkungen gab es auch auf der Speisekarte.

»Wild nach Lust und Wolf«

»Mangold mal so, mal so«

»Achtung, Spießer nur im Frühjahr!«

Am Ende stand der freundliche Hinweis, sich doch bei der Bedienung nach der Tagesform zu erkundigen. Irgendwie gefiel mir die Einstellung. In der Ecke stand zur Abschreckung tatsächlich eine »Heiße Hexe« zur Erinnerung an die Zeit, als Convenience-Food eben noch aus der Mikrowelle kam, sich die frische Küche von Brigitte noch nicht durchgesetzt hatte und ich sehr viel Zeit in einem charmanten Kiosk in Hamburg-Harburg verbrachte. Wie hätte ich damals wohl reagiert, hätte einer der örtlichen Trinker nach meiner Tagesform gefragt?

»Wusstest du, dass es auch betrunkene Bienen gibt?«, fragte mich eine tiefe Stimme, die ich sofort erkannte. Holger füllte mit seinen breiten Schultern den ganzen Raum aus, war wie immer gut gebräunt und hatte dafür, dass er ja eigentlich trocken ist, schon ganz schön tief ins Glas geblickt. Er war offenbar so etwas wie ein Flexitarier. Montag bis Sonntag viel Obst und Gemüse und dazwischen auch ein paar Cheat-Days, also Schummeltage, mit Burger oder Würstchen, Bier oder Korn. Heute gönnte er sich zur Feier des Tages einen »Bee's Knees«. Ein Gin Sour auf Honig-Basis, der auch aus den Zutaten von unserem Hof stammte. Wenn Bienen zu viel vergorenes Obst naschen, dann müssen sie auch erst mal ausnüchtern, bevor sie wieder weiterfliegen können, erklärte er mir das Naturspektakel.

»Ladies and Gentleman, wir sind Vollkorn. 1,2,3,4 ...« Romans Ansage lockte alle Gäste ins Hinterzimmer. Vollkorn hatte zur Premiere ein kleines Podest aufgebaut. Kümmel saß am Schlagzeug und hämmerte auf Becken und Snare. Rex war Leadgitarrist und konzentrierte sich sehr verbissen, damit er die Akkorde einigermaßen traf. Brigitte versuchte sich als Backgroundsängerin, während sie ihren Schellenkranz zum Takt von Kümmel schüttelte. Holger spielte Bass und benahm sich dabei wie Duff McKagan auf Welttournee, der einen kurzen Zwischenstopp bei seinen Freunden zur Jamsession in Ostholstein einlegte und den Auftritt nicht so ernst nahm. Das Niveau der Musiker lag irgendwo zwischen Feuerwehrfest und Top-40-Coverband auf einer Hochzeit: Rolling Stones, The Smiths, »Rex« Gildo. Das

Repertoire von Vollkorn passte perfekt zum Ambiente. Das zehnte Lied des Abends war eine Mitgröl-Nummer von Coldplay. »Viva La Vida«. Lebe das Leben! Alle standen jetzt auf den Stühlen, auf dem Tresen oder lagen auf den Knien und feierten die Band wie einen Reverend beim Gottesdienst in den Südstaaten. Holger bückte sich etwas beim Refrain, um das Mikrofon von Kümmel am Schlagzeug zu treffen. Dabei rutschte er auf einem Teppich aus und lag plötzlich auf dem Rücken wie ein Maikäfer. Rex war inzwischen komplett erschöpft und feierte sein Comeback als Musiker nach dreißig Jahren mit einem frisch gezapften Bier von Corny. Aus der Livemusik entwickelte sich eine Karaoke-Party, und es war viel zu laut für eine Unterhaltung. Ich ging kurz vor die Tür, wo Vivi ganz allein auf einer Bank saß und auf den Boden schaute. Ich setzte mich zu ihr und fragte, ob ihr schon wieder schwindelig sei. Sie fasste sich an den Bauch und antwortete:

»Ja, seit vier Monaten.«

Ich war sehr gerührt. Vivi würde ein echtes Landei zur Welt bringen.

Nachbemerkung:

Natürlich fragten sich (und mich) an diesem Abend alle, wann ich wieder zurück an die Ostsee ziehe. Aber ganz ehrlich: Landleben ist kein Leben für mich. Und ich mag auch Chrissi nicht so lange allein lassen. Zwar sprach Vivi gleich davon, dass wir – neben FaceTime – eine App nutzen könnten, mit der ich mich auch dann mit meiner Mutter unterhalten kann, wenn sie gar nicht da ist. Man muss dafür lediglich vorher längere Gespräche aufnehmen und damit die künstliche Intelligenz trainieren, die dann die Unterhaltung fortsetzt. So entstehen neue Dialoge, die den Witz und Wahnsinn kopieren. Ich will das nicht. Jenseits dessen glaube ich auch nicht, dass eine KI Chrissis Raps von »Rote-Rosen«-Handlungen, Familiengeschichten und Feedback zu meiner Arbeit (»Rosa war gut!«) glaubhaft nachstellen kann. Und: Ich bin einfach ein Kind der Stadt.

DANKE AN:

Vielen Dank an meine großartige Lektorin Diana! Wann war nochmal Deadline?

Sehr bewegt hat mich das Posting von Mirjana Petricevic über ihre Mutter. Sobald sie die ganze Geschichte aufgeschrieben hat, bekommt ihr von mir eine Nachricht.

Den Tee mit Fichtennadeln haben Johanna Maria und Ulrich Paul im Wald aufgesetzt – dort ist euer Platz.

Und danke an Eli für Carolin! Mehr muss ich dazu nicht sagen ...